Phi

CW01660454

Les ONG

Éditions La Découverte
9 *bis*, rue Abel-Hovelacque
75013 Paris

DU MÊME AUTEUR

La Question humanitaire, Ellipses, 1999.
L'Action humanitaire, La Documentation française, 2001.

Le logo qui figure au dos de la couverture de ce livre mérite une explication. Son objet est d'alerter le lecteur sur la menace que représente pour l'avenir de l'écrit, tout particulièrement dans le domaine des sciences humaines et sociales, le développement massif du photocopillage.

Le Code de la propriété intellectuelle du 1er juillet 1992 interdit en effet expressément la photocopie à usage collectif sans autorisation des ayants droit. Or, cette pratique s'est généralisée dans les établissements d'enseignement supérieur, provoquant une baisse brutale des achats de livres, au point que la possibilité même pour les auteurs de créer des œuvres nouvelles et de les faire éditer correctement est aujourd'hui menacée.

Nous rappelons donc qu'en application des articles L. 122-10 à L. 122-12 du Code de la propriété intellectuelle, toute reproduction à usage collectif par photocopie, intégralement ou partiellement, du présent ouvrage est interdite sans autorisation du Centre français d'exploitation du droit de copie (CFC, 20, rue des Grands-Augustins, 75006 Paris). Toute autre forme de reproduction, intégrale ou partielle, est également interdite sans autorisation de l'éditeur.

Si vous désirez être tenu régulièrement informé de nos parutions, il vous suffit d'envoyer vos nom et adresse aux Éditions La Découverte, 9 *bis*, rue Abel-Hovelacque, 75013 Paris. Vous recevrez gratuitement notre bulletin trimestriel **À la Découverte**. Vous pouvez également retrouver l'ensemble de notre catalogue et nous contacter sur notre site **www.editionsladecouverte.fr**.

© Éditions La Découverte, Paris, 2004.
ISBN 2-7071-3864-9

Introduction

Il ne se passe pratiquement pas de jour sans que les médias ne fassent référence aux « organisations non gouvernementales », qu'il s'agisse de rendre compte d'une mission humanitaire en Côte-d'Ivoire ou en Irak, de projets de développement agricole au Mozambique ou d'accès à l'éducation de base pour les enfants des rues de Dakar, ou encore d'un programme de lutte contre le sida en Thaïlande... Des responsables politiques vont s'émouvoir ou s'irriter pareillement de leurs dénonciations de la passivité de la « communauté internationale » face aux exactions indonésiennes au Timor oriental (avant l'indépendance), face aux massacres de masse qui surviennent de façon récurrente dans l'Afrique des Grands Lacs, ou encore face aux violations massives des droits de l'homme en Tchétchénie. Victimes et juristes mettront, eux, en exergue les rôles de ces mêmes organisations dans la conceptualisation, la signature et la mise en œuvre de conventions internationales : de la convention sur les mines antipersonnel (1997) à la Cour pénale internationale (CPI*, 1998). Dirigeants d'entreprise et chancelleries vont alternativement s'inquiéter ou se féliciter des actions menées, les unes pour entraver des transports de déchets nucléaires, les autres afin de faire pression sur les États récalcitrants à la signature du protocole de Kyôto sur la réduction de l'effet de serre... Leaders de partis politiques comme de syndicats, confrontés à l'affaissement du militantisme dans leurs organisations et à

* Un glossaire reprend en fin d'ouvrage les principales abréviations utilisées. Leur signification n'est donc indiquée dans le corps du texte que lors de leur première apparition.

l'abstentionnisme électoral, questionneront la légitimité de leur intervention dans l'espace public. Enfin, adversaires résolus de la « mondialisation libérale » comme augures de l'émergence d'une « société civile » mondiale se féliciteront de leur implication croissante dans les mouvements dits « altermondialistes », à travers leur participation aux forums sociaux, de Porto Alegre à Bombay, ou leur contestation de l'Organisation mondiale du commerce (OMC) et des G-8…

Ces trois termes, et surtout leur abréviation en « ONG », avec leur équivalent anglais de « NGO » et « NGOs » (mais, contrairement à un anglicisme répandu, en français ONG au pluriel ne prend naturellement pas de « s »), sont ainsi devenus un « mot valise » en même temps qu'un symbole. D'autres dénominations ont été proposées, mais aucune n'a connu la même fortune.

Si, dans le monde occidental, cette appellation recouvre d'abord (sous ce vocable générique) une gamme d'initiatives solidement enracinées historiquement (philanthropiques, caritatives, de défense des droits), elle constitue pourtant une réelle innovation du XXe siècle, s'agissant de l'extension continuelle de ses domaines d'activité, de son acclimatation dans les pays du Sud et surtout de son irruption dans la vie internationale. Dans ce domaine, où les gouvernants comme les professionnels de la politique étrangère (diplomates et fonctionnaires internationaux), les chercheurs comme les journalistes, voire l'opinion avaient longtemps partagé l'idée que l'ensemble du système des relations internationales trouvait son compte dans la seule logique étatique. La multiplication, surtout après 1945, d'organisations internationales (OI) exerçait certes une influence, particulièrement à travers l'enchevêtrement d'obligations réciproques enserrant les États et amenuisant peu ou prou leur souveraineté. Mais même si les OI avaient acquis une certaine autonomie, fondamentalement elles restaient marquées par leur caractère d'entités interétatiques.

Cette architecture commence à être remise en cause d'abord par certains théoriciens des relations internationales à partir des années 1970 (avant d'être reprise à leur compte par activistes du milieu ONG, journalistes et politiques), précisément à partir du constat de cette présence visible d'acteurs d'une nature nouvelle. En même temps, le concept (pourtant flou) de « société civile », voire de « société civile internationale », équivalant souvent, de manière grossière, au vocable « ONG » au sens collectif accroît encore l'impact emblématique de ce dernier.

Cette forte connotation positive n'est pas pour autant à l'abri de la critique. Nombreux sont les politiques, les essayistes ou les journalistes, mais aussi les chercheurs qui affichent dorénavant vis-à-vis du milieu non gouvernemental une méfiance certaine. Les premiers, pour s'alarmer de son présumé déficit de légitimité, face à celle conférée par l'onction démocratique du suffrage universel [Védrine, 2000]*. Le commissaire européen Poul Nielson, chargé de la politique d'aide au développement et humanitaire de l'Union (secteur où les ONG sont particulièrement actives), manie, lui, volontiers le paradoxe en affirmant que le sigle peut aussi bien avoir pour sens « organisations non gouvernables ». Les seconds, pour dénoncer, non sans excès, ses supposées « dérives », financières comme de fonctionnement [Minc, 2002]… La presse est souvent passée de l'éloge hyperbolique à la critique sans nuance. Enfin, le roman lui-même s'en est récemment saisi. À côté d'un Jean-Christophe Rufin qui leur témoigne une empathie nuancée mais certaine [2001], la mode est aux intrigues les présentant sous un jour guère favorable, qu'elles n'en soient qu'un des éléments [Le Carré, 2001] ou le thème central [Brunel ; Gran ; Roche, 2003].

Pourtant, l'idée comme le mot connaissent une vogue sans cesse croissante et se trouvent largement réappropriés, du Nord au Sud. Cependant, il faut avoir le souci d'éviter les généralisations : évoquer *les* ONG n'a guère de sens. Il est nettement préférable de parler *des* ONG ou *d'*ONG. Pour autant, et du fait même de ce succès planétaire, ces mots prêtent plus que jamais et largement à confusion. Comme il s'agit d'un terme libre d'appropriation et qui ne constitue pas, à de rares exceptions, dans les droits nationaux une catégorie juridique spécifiquement délimitée, et encore moins en droit international (contrairement aux OI), de plus en plus d'entités, petites ou grandes, tendent à s'autobaptiser ou se rebaptiser « ONG ». On voit fleurir ainsi des ONG unipersonnelles ou MONGOs (acronyme anglais pour « My own NGO ») ; de vraies entreprises s'abritant derrière un statut juridique associatif pour mieux pénétrer des marchés, ou BONGOs (« business-organised NGOs ») ; des entités créées à l'initiative de bailleurs de fonds internationaux aux fins de mise en œuvre de projets, ou DONGOs (« donor-organised NGOs »). Et, de plus en plus, des GONGOs (« governmental NGOs »), c'est-à-dire de pseudo-ONG créées

* Les références entre crochets renvoient à la bibliographie en fin d'ouvrage.

de toutes pièces par des États (généralement peu démocratiques) ou des membres d'élites dirigeantes, du Sud particulièrement. Avec pour objectif d'aspirer les financements internationaux destinés aux organisations locales ou encore de contrecarrer l'influence d'ONG jugées dérangeantes, dans des enceintes internationales, de la Commission des droits de l'homme (CDH) des Nations unies à Genève aux grandes conférences mondiales sur les femmes, l'environnement, les droits de l'homme… Dans certains pays, les populations les ont même ironiquement affublées du sobriquet d'OVG (organisations vraiment gouvernementales) !

D'où la nécessité d'entreprendre un effort de clarification et de compréhension de structures au statut mal défini et finalement assez mal connues. Après avoir défini son historicité, on soulignera les ambiguïtés et les incertitudes du concept. Lesquelles ne sont nullement contradictoires avec un activisme en forte croissance, débouchant sur une extension planétaire, elle-même accompagnée de l'investissement constant de nouveaux territoires. Mais ce dynamisme va de pair avec l'intensification de la recherche de financements, ainsi que de la concurrence entre organisations. L'affirmation de leur spécificité conduit également à questionner les motivations et les itinéraires de leurs adhérents, salariés, bénévoles, animateurs, aussi bien que leur identité collective. Comment s'insèrent-elles encore dans les mécanismes internationaux contemporains, et quel rôle jouent-elles dans leur restructuration, à l'aune d'un système post-westphalien en pleine phase de décomposition/recomposition ? Mais il ne s'agit pas de mésestimer le positionnement de certains groupes d'ONG face au processus de globalisation, qui, bien qu'encore récent, devient significatif.

Il n'est guère surprenant dès lors que d'aucuns voient désormais les ONG comme des remparts contre la mondialisation (des « empêcheurs de mondialiser en rond » en quelque sorte), voire la source d'un contre-modèle, d'une alternative « citoyenne ». Tandis que d'autres les conçoivent comme d'indispensables partenaires des pouvoirs politiques et économiques, en tant que représentantes de la « société civile », en charge d'attirer l'attention, mais aussi d'atténuer ou de corriger les déséquilibres trop criants induits par cette même globalisation. Mais l'une comme l'autre de ces hypothèses ne recèlent-elles pas le danger d'une survalorisation de leur poids et de leur rôle réels ? D'autant que le débat sur leur légitimité comme sur leurs modes de gouvernance prend de la vigueur.

À chacune de ces étapes, en même temps qu'une présentation de la question éclairée, si nécessaire, par diverses données factuelles, on s'efforcera de faire un point sur l'état de la recherche ou de suggérer certaines pistes demeurant à explorer. Si, en effet, les travaux sur le milieu ONG ont heureusement dépassé désormais [Deler *et al.*, 1998 ; Dauvin et Siméant, 2002] le stade balbutiant qui était encore le leur il n'y a pas si longtemps, bien des problématiques restent à approfondir. Sans compter les riches pans encore à défricher.

I / Une histoire déjà ancienne

La mise en œuvre par des individus d'actions caritatives de solidarité au-delà de leur environnement immédiat n'est pas née avec le XXe siècle. Sa généalogie s'inscrit, au contraire, dans la longue durée. Mais avant d'être une pratique, elle a représenté une idée progressivement enracinée dans la société occidentale. Elle s'alimente à de profondes références, religieuses comme philosophiques, qui la caractérisent.

Si la compassion, ou l'intérêt pour l'autre, n'est pas propre à l'Occident, il en a élaboré un modèle type qui a conduit à sa progressive déclinaison universelle [Brauman, 2000]. Ou, au moins, à sa prétention. L'historicité propre du phénomène ne peut donc être négligée, même si elle s'inscrit dans le temps long du fait associatif, présent en Europe dès le Moyen Âge [Emp, 2001].

Origines religieuses et philosophiques

L'idée qu'il faut individuellement comme collectivement manifester une solidarité envers les pauvres, les malades, les victimes des guerres, les étrangers se retrouve dans de nombreuses cultures. Mais la projection internationale de cette solidarité est, dans sa conception comme dans sa mise en œuvre, une « invention » de l'Europe, contemporaine de son expansion sur les autres continents à partir du milieu du IIe millénaire. Elle a ensuite été retravaillée par son extension nord-américaine.

Elle s'alimente à une triple conjonction. D'abord une dimension à la fois contingente et idéologique qui va engendrer une coupure épistémologique aux vastes conséquences théoriques et pratiques : il s'agit du phénomène de laïcisation progressive des actions caritatives et de secours qui se produit à partir du XVIIe siècle sur le Vieux Continent, puis dans la partie nord du Nouveau Monde colonisée par les Européens. Jusqu'alors, elles étaient demeurées l'apanage de l'Église catholique. À partir du concept de « charité », dérivé de la *tsedaka* juive (signifiant tout ensemble obligation d'assistance à l'égard de l'étranger, du pauvre, et justice-vertu), le christianisme avait développé une intense activité d'assistance. La Réforme va la bouleverser, tout autant par la sécularisation des biens ecclésiastiques et des ordres religieux (qui formaient le substrat de l'action sur le terrain) que par la conception que se font calvinistes et luthériens des devoirs de l'homme riche en société. Mais la laïcisation ne se limite pas aux pays protestants, elle atteint aussi l'Europe demeurée catholique, notamment la France et l'Autriche. Elle engendre, progressivement, un modèle d'œuvres caritatives plus autonomes des pouvoirs, religieux comme politique. La troisième religion du Livre, l'islam, connaît elle la *zakat* (l'aumône), sorte d'impôt obligatoire, et la *sadaqua* (l'aumône spontanée), également recommandée. La tradition d'assistance aux démunis y est aussi forte. Cependant, le monde musulman ne va pas connaître ce processus de laïcisation, et le caritatif demeurera centré sur l'*oumma*, la communauté des croyants.

Les deux autres facteurs ont déjà directement à voir avec l'extranéité. Le premier, c'est l'émergence à partir du XVIIe siècle d'un droit international qui s'efforce de promouvoir une réglementation des conflits armés interétatiques. La paternité de cette construction est reconnue au juriste néerlandais Grotius. Les XVIIIe et XIXe siècles voient, non sans périodes régressives (telles les guerres de la Révolution et de l'Empire), la mise en place de règles assez sophistiquées visant à régir les relations entre États, dans la paix comme lors des conflits. Mais leur construction, à partir de la seconde moitié du XIXe siècle, va être subvertie par des acteurs privés dont nul, notamment les théoriciens et les diplomates, n'avait prévu l'irruption.

Le second élément, c'est l'effervescence intellectuelle des Lumières qui mirent en avant, pour la première fois, la référence à l'« humanité » ou à la « vertu d'humanité ». Ce qui conduisit, par exemple, au remplacement dans l'*Encyclopédie* de la notion de « charité », considérée comme trop chrétiennement connotée, par celles de « bienfaisance », de « philanthropie » ou encore d'« amour de l'humanité ». En même temps qu'elle constituera le terreau sur lequel s'ancrera la future doctrine des droits de l'homme.

Premiers terrains

Élan associatif

Outre-Manche (voir encadré page suivante) et outre-Atlantique, le phénomène associatif fait sentir ses effets dès la fin du XVIIIe siècle.

Aux États-Unis, si l'esclavage est d'abord une question intérieure, les actions abolitionnistes sont facilitées par le fantastique élan que la Révolution américaine imprime à la liberté d'association. Déjà très notable durant la première partie du XIXe siècle, elle fascine Tocqueville qui, le premier, théorise, dans *De la démocratie en Amérique*, sur le lien entre démocratie et associatif. Dès 1812, par ailleurs, dans ce qui constitue probablement la première opération de secours humanitaire de l'histoire, un convoi maritime tente d'acheminer une aide aux habitants de Caracas, victimes, en pleine guerre d'indépendance du Venezuela, d'un tremblement de terre. L'initiative privée est largement à son origine et y trouve une première projection internationale.

Guerres, colonisation et démocratie

Les conflits intra-européens du milieu du siècle vont constituer une autre matrice. D'abord avec la guerre de Crimée opposant les alliés franco-britanniques, venus au secours des Ottomans, à la Russie. Elle voit Florence Nightingale, la « Dame à la lampe », organiser les premières équipes d'infirmières et poser les fondements d'une quasi-organisation humanitaire entièrement privée. Laquelle agira ensuite durant plusieurs décennies, aussi bien sur le territoire américain durant la guerre de Sécession qu'en France lors de la guerre de 1870, ou encore dans l'Inde coloniale auprès des victimes des famines. Mais c'est surtout le conflit qui éclate en 1859 entre le royaume de Piémont-Sardaigne, allié avec la France, et l'Autriche qui va constituer l'événement fondateur. La présence inopinée d'un jeune homme d'affaires suisse idéaliste, Henry Dunant, sur le champ de bataille de Solferino le 24 juin 1859 donne naissance

L'abolition de l'esclavage

C'est la lutte pour l'interdiction de la traite, puis pour l'abolition de l'esclavage lui-même qui, particulièrement en Grande-Bretagne, constitue historiquement le premier exemple d'initiatives non gouvernementales à dimension transnationale. Fondamentalement, elles vont, de façon constante, amalgamer la défense des droits des esclaves et leur promotion puisqu'elles visent à les réintégrer dans la communauté humaine dont le système colonial les avait exclus. Cette réintégration est prônée précisément au nom de leur humanité. En cela, il s'agit, comme le remarque Françoise Vergès, d'un « mouvement foncièrement démocratique : il élargit la communauté des égaux en faisant appel à la conscience de chacun », aussi bien par son argumentation que par l'efficacité dans l'utilisation pour la première fois « des divers moyens de propagande et de groupes de pression tant nationaux qu'internationaux » [Vergès, 2001, p. 94].

Ainsi, alors qu'en France seuls les habitants d'un petit village jurassien, Champagney, demandent, en 1788, dans leur cahier de doléances la fin de l'esclavage, cent deux pétitions abolitionnistes sont adressées cette année-là au Parlement britannique. En 1791, l'une d'elles réunit à Manchester, centre important de la traite, 20 000 signatures sur une population de 75 000 habitants. Ces diverses campagnes aboutissent à l'interdiction unilatérale de la traite en 1807 par le Parlement. Les autres puissances européennes (dont la France) l'entérinent à leur tour en 1815. En 1823 est créée la plus célèbre de ces pré-ONG, la British and Foreign Anti-Slavery Society. Elle obtient en dix années seulement l'abolition de l'esclavage (1833). Parallèlement à son action au Royaume-Uni, elle entame à Freetown (Sierra Leone), l'un des ports de débarquement des esclaves libérés, une action d'assistance (centrée sur l'agriculture), esquisse de nos modernes projets de développement.

durant la décennie suivante à des « Sociétés de secours aux blessés » qui vont peu à peu évoluer pour devenir les sociétés nationales de la Croix-Rouge puis du Croissant-Rouge d'aujourd'hui.

Ainsi naissent, d'abord en Europe et aux États-Unis, puis dans l'Empire ottoman comme au Japon (où elles constituent pour les élites un autre symbole de l'entrée dans la « modernité »), des structures privées dédiées à l'assistance aux victimes militaires et (mais bien plus tard) civiles des conflits armés [Ryfman, 1999]. Elles forment progressivement un vaste mouvement international, composé d'une part de ces sociétés nationales, d'autre part de leur instance fédérative (créée en 1919), la Fédération internationale des sociétés de la Croix-Rouge et du Croissant-Rouge (FICR). Et enfin du Comité international de la

Croix-Rouge (CICR) [Buirette, 1996]. L'Église catholique, à la fin du XIXe siècle, s'inspire de ce modèle pour promouvoir le réseau des « Caritas » nationales (dont la branche française est plus connue sous le nom de « Secours catholique »), elles-mêmes articulées et fédérées dans une superstructure transnationale : Caritas Internationalis.

Deux contextes complémentaires vont, durant les dernières décennies du siècle et les premières du suivant, contribuer encore à l'émergence d'ONG. La colonisation, d'abord. Assez rapidement, après la phase des conquêtes, les deux principales puissances coloniales, la Grande-Bretagne mais plus encore la France, mettent largement en avant l'« œuvre » qu'elles réaliseraient dans leur domaine impérial, en insistant sur ses dimensions assistantielle et promotionnelle, spécialement dans les champs sanitaire et éducatif. De ce point de vue, l'une des figures emblématiques de l'imaginaire social français de l'époque est celle du médecin, luttant sur le terrain contre les grandes endémies. La médecine coloniale, dont les succès furent réels [Lapeyssonnie, 1988], sera donc portée au pinacle. Le missionnaire constitue une autre illustration exemplifiée positivement de la colonisation, avec l'accent mis là encore, plutôt que sur l'évangélisation, sur les actions éducatives et sanitaires. Le symbole exemplaire de ce double rôle demeure évidemment Albert Schweitzer, médecin, missionnaire et prix Nobel [Koskas, 1993].

Ensuite, la démocratisation progressive des sociétés européennes encourage la naissance des premières associations spécifiquement liées à la défense des droits de l'homme, avec déjà une propension forte à l'universalisation. En France, elle est rythmée par une succession de crises culminant au tournant du XXe siècle avec l'affaire Dreyfus : la Ligue des droits de l'homme voit ainsi le jour à Paris en juin 1898 à la suite du procès intenté à Émile Zola pour son « J'accuse ! »

Enfin, la préservation de ce que l'on n'appelle pas encore l'environnement, mais « la nature », commence à mobiliser certains individus. Le Sierra Club (future grande ONG d'environnement) naît aux États-Unis en 1892.

Expansion planétaire au XXe siècle

Les deux guerres mondiales

La Première Guerre mondiale et les deux décennies postérieures voient (à côté du renforcement des diverses composantes de l'ensemble « Croix-Rouge [1] ») éclore des associations d'un type totalement neuf. Elles se donnent pour mandat d'agir non plus prioritairement auprès des soldats blessés ou prisonniers, mais en faveur des populations civiles victimes de conflits. Soit directement parce que les opérations militaires se déroulent sur ou à proximité de leur lieu de résidence, soit indirectement car la durée ou l'intensité des affrontements font que les économies s'effondrent, les structures sanitaires vacillent, les circuits de distribution alimentaire sont interrompus...

À la fin du conflit, l'épidémie de grippe espagnole, ainsi que les débuts de famine dans les pays vaincus constituent le premier terrain de ces nouvelles associations. Certaines s'élèvent en outre contre le maintien du blocus du temps de guerre et cherchent à le contourner, telle, au Royaume-Uni, Fight the Famine créée en 1919 pour assister femmes et enfants allemands, et qui deviendra plus tard Save the Children Fund (SCF). La guerre civile consécutive à l'effondrement de l'Empire tsariste, une sécheresse exceptionnelle ainsi que les prédations opérées sur la paysannerie par le pouvoir soviétique provoquent, en 1921, sur le territoire de la future URSS une famine considérable, causant cinq millions de morts. L'ONG American Relief Association (ARA), dirigée par un futur président des États-Unis, Herbert Hoover, est en butte à des tentatives d'instrumentalisation du régime [Rufin, 1993]. Enfin, à l'initiative de la Ligue française, une Fédération internationale (des ligues) des droits de l'homme (FIDH) voit le jour en 1922.

La Seconde Guerre mondiale va accentuer le phénomène. Elle voit, par exemple, la fondation de deux futures grandes organisations non gouvernementales : en 1942 la Britannique Oxfam (pour « Oxford Committee for Famine Relief ») [Black, 1992] ;

1. Ce terme, comme l'expression « Croix-Rouge internationale » souvent utilisée par les médias, n'a aucune signification ni institutionnelle ni juridique et encore moins opérationnelle. Le CICR, les sociétés nationales et leur Fédération constituent aujourd'hui le « Mouvement international de la Croix-Rouge et du Croissant-Rouge », seule appellation officielle réellement valide.

en 1945 l'Américaine Care (à l'origine « Cooperative for American Remittancies in Europe », devenue aujourd'hui « Cooperative for Assistance and Relief Everywhere »). Cette dernière sera particulièrement active dans l'Europe occidentale libérée du joug nazi, puis durant les premières années du plan Marshall.

Tiers monde, sans-frontiérisme et droits de l'homme

La décolonisation conduit, à partir des années 1950, ces premières ONG à élargir leur mandat, de l'assistance aux victimes des guerres au développement des sociétés du tiers monde. L'aide au développement va être ainsi au fondement de toute une mouvance, dont une partie des membres s'est auparavant engagée dans les luttes de décolonisation. En France, à l'initiative de l'Église, le Comité contre la faim naît en 1961, pour se transformer en Comité catholique contre la faim et pour le développement (CCFD) en 1965, année également de fondation de Frères des hommes (FDH). En Grande-Bretagne, les ressources d'Oxfam sextuplent entre 1958 et 1968. Beaucoup de ces ONG resteront longtemps inscrites dans l'orbite du tiers-mondisme politique, en Europe occidentale particulièrement (voir aussi encadré page suivante).

Dans un autre domaine, la création d'Amnesty International (AI) en 1961 internationalise massivement, au niveau associatif, le combat pour la défense et la promotion des droits de l'homme (qui progressivement deviendront, sous l'influence des théoriciens du genre, les « droits humains »), jusque-là resté essentiellement centré sur l'espace national [Besset, 1991]. La défense des prisonniers d'opinion, la lutte pour les droits civils et politiques, contre la torture, puis pour les droits économiques, sociaux et culturels ne vont pas demeurer son apanage. D'autres ONG, comme Human Rights Watch (HRW) à partir des États-Unis en 1988, vont investir le terrain et en diversifier les objectifs, tandis que d'anciennes organisations se relancent dans ce combat et acquièrent dès lors une nouvelle dimension. Ce fut le cas pour la FIDH, présidée depuis 2001 par l'ex-président de sa branche sénégalaise.

La fin de la « guerre froide » va démultiplier les terrains d'action et renforcer les associations de droits de l'homme, de développement et humanitaires déjà existantes. Mais aussi provoquer la création de nouvelles. La lutte contre l'impunité des auteurs d'exactions massives commises au nom de la

Le « sans-frontiérisme »

Dès les années 1970, une nouvelle génération d'ONG émerge. Elle aussi se donne pour mandat d'agir au Sud, mais sur un terrain qui prendra l'appellation d'« humanitaire » [Ryfman, 1999]. C'est-à-dire, pour simplifier, l'intervention d'urgence auprès des populations victimes de catastrophes naturelles et surtout de conflits armés (particulièrement ceux dits « non internationaux », autrement dit les guerres civiles) qui vont rapidement ensanglanter divers pays fraîchement indépendants. Ces ONG vont occuper durablement l'espace public et médiatique, et se reconnaîtront plus ou moins, dans un premier temps, à travers le terme générique de « sans-frontiérisme ». Ce néologisme formé à partir du sigle de Médecins sans frontières (MSF), fondée en France en 1971, voulait signifier d'abord le refus de choisir entre « les bons et les mauvais morts » (selon une formule chère à l'un des fondateurs, Bernard Kouchner [1991]), mais surtout le refus d'être contraint par l'absolutisation de la souveraineté étatique, fût-elle récemment acquise.

Si le grand public les identifie durablement à partir du stéréotype du *French doctor*, toutes, cependant, sont loin d'être à dominante médicale, et le modèle sera répliqué dans plusieurs pays. Elles se caractérisent surtout par la mise en avant de thématiques liant prise de parole (le « témoignage ») et opérationnalité. Celle-ci (à l'origine souvent limitée) va se renforcer en s'appuyant sur la progressive professionnalisation de la structure associative, parallèlement à la recherche d'un réel professionnalisme de l'action sur le terrain. Elles vont aussi témoigner d'une aptitude peu commune à la médiatisation, ainsi qu'à la levée de fonds pour financer leurs interventions. Dès lors, elles supplantent souvent, dans les faveurs des donateurs privés comme des bailleurs publics, leurs devancières qui continuent de privilégier les projets de développement. Ainsi le budget de MSF-F est-il multiplié par treize de 1978 à 1980, et à nouveau par huit entre 1981 et 1985 [Destexhe, 1993].

« purification ethnique » (après les expériences bosniaque et rwandaise), l'accès aux populations civiles devenues un enjeu stratégique capital des conflits armés, le combat contre la pandémie du sida, l'essor du microcrédit, la prise en charge d'enfants des rues, la prévention des crises… deviennent aussi des axes majeurs d'activité. La baisse drastique du coût des traitements antirétroviraux, comme la création de la CPI et d'autres succès encore qui doivent largement à l'action de ces ONG confortent les anciennes comme les plus récentes.

Catégories cibles, environnement et montée du Sud

D'autres vont spécifiquement se consacrer à la défense de catégories ou de populations cibles. Qu'il s'agisse des malades du sida avec AIDES ou des journalistes avec Reporters sans frontières (RSF), créée en 1985.

Enfin, si dès 1961 se crée ce qui va devenir la plus importante des ONG d'environnement, le World Wildlife Fund (WWF), avec la montée des préoccupations environnementales à partir du début des années 1980 se multiplient les organisations qui popularisent des concepts jusqu'alors confinés aux milieux scientifiques, comme l'écosystème, la biodiversité ou l'effet de serre. Greenpeace en est l'éponyme. Parallèlement, dans les pays du Sud, de puissantes ONG émergent également, du Brésil à l'Afrique du Sud, du Bangladesh à l'Indonésie.

Au début du XXIe siècle, tandis que le non-gouvernemental semble ainsi n'avoir de cesse d'investir des champs nouveaux (comme la lutte contre la corruption, la construction de la paix ou encore la protection des biens culturels), certains auteurs veulent voir dans cette effervescence l'ébauche d'une « société civile internationale », constitutive d'un contre-pouvoir citoyen face aux États et aux entreprises transnationales [Caillé *et al.*, 2001].

II / Un terme ambigu pour une réalité difficile à cerner

En dépit de leur obscurité et de leur peu de signification, ces trois mots « organisations non gouvernementales » en français (et « non governmental organizations » en anglais) ont survécu à plusieurs décennies d'incessantes critiques et de remises en cause. Ils se sont définitivement imposés, se substituant même à d'autres termes, parfois largement usités auparavant. Des appellations alternatives ont été proposées : associations de solidarité internationale (ASI) ; associations ou organisations transnationales (ATN, OTN) ; acteurs non étatiques (ANE) ; et même organisations de la société civile (OSC). En France, celle d'organisations de solidarité internationale (OSI), si elle connaît un succès relatif en interne au sein de la communauté associative du développement et de l'humanitaire, n'a guère rencontré d'écho au-delà. Pour le Sud, la littérature sur le développement fait fréquemment référence aux CBDOs (Community-Based Development Organizations ou Organisations communautaires de base), tandis que certains pays d'Amérique latine ont vu fleurir les organisations populaires économiques (OPE).

Mais il en va de l'« organisation non gouvernementale » comme de l'expression « tiers monde » qui elle aussi a résisté pendant des décennies à la critique, avant d'être supplantée dans les années 1990 par celle de « Sud ». Non seulement l'appellation « ONG » est devenue incontournable, mais son usage s'est généralisé : en dépit de ses imperfections manifestes, elle mérite donc d'être conservée. D'autant qu'elle est aussi aujourd'hui consacrée par des instruments juridiques internationaux et même certaines législations nationales. Pour autant, elle doit être explicitée.

Des AI aux ONG

L'expression ne date pourtant que de l'immédiat après-Seconde Guerre mondiale. Auparavant et depuis la fin du XIXe siècle, pour désigner ces structures et leurs activités on employait le terme d'« associations internationales » (AI) en français (International Associations, IA, en anglais). C'est la charte des Nations unies, dans la série de dispositions consacrées au Conseil économique et social (ECOSOC, acronyme anglais), qui en fait mention pour la première fois en 1945, à son article 71. Celui-ci prévoit en effet que « le Conseil économique et social peut prendre toutes les dispositions utiles pour consulter les organisations non gouvernementales qui s'occupent de questions relevant de sa compétence. Ces dispositions peuvent s'appliquer à des organisations internationales et, s'il y a lieu, à des organisations nationales après consultation du membre intéressé de l'Organisation ».

Les raisons qui ont présidé à l'insertion dans la charte de cette référence au « non gouvernemental » n'ont guère été étudiées. Elles peuvent pourtant aujourd'hui être assez nettement circonscrites. Comme l'a montré Steve Charnovitz [2002a], des années 1920 au début des années 1930, de nombreux acteurs privés avaient participé aux activités de la devancière des Nations unies, la Société des Nations (SDN) : associations pacifistes, féministes, syndicats, chambre de commerce internationale… Mais le pacte fondateur de la SDN ne contenait aucune clause officialisant leur rôle. Or, à la conférence de San Francisco où se discutait la charte, la délégation américaine (la plus nombreuse et la plus influente dans le contexte de l'époque) comptait parmi ses consultants des représentants d'associations et d'organisations professionnelles.

Une hypothèse peut dès lors être formulée, qui fait le lien entre cette présence et la part prépondérante prise par les politistes et juristes anglo-saxons (et particulièrement nord-américains) dans la rédaction du texte. Elle se réfère à ce que recouvre le mot « gouvernement » dans leur vocabulaire. Il sert certes à désigner la collectivité des membres titulaires d'un département ministériel, mais surtout l'appareil politico-administratif chargé des affaires publiques, autant que le fonctionnement des institutions publiques au sens large. C'est-à-dire, pour simplifier, ce que l'on désigne en Europe, et d'abord en France, plutôt sous le terme générique d'« État ». Par antinomie, les rédacteurs auraient voulu ainsi marquer la place que, forts de l'expérience de la SDN, il convenait dorénavant, et officiellement, d'assigner aux acteurs privés. Il aurait donc été plus correct et pertinent de traduire en français par « organisations non étatiques » ou « a-étatiques » ou encore « non administratives », au double point de vue de la linguistique et du sens. Pour des raisons inconnues (mais qui tiennent peut-être tout autant au total désintérêt des francophones à l'époque, à commencer par ceux de l'Hexagone, pour ce type de structures qu'à leur faiblesse politique), l'équivalent littéral a prévalu.

Un spectre large de définitions

L'influence qui vient d'être soulignée de représentants d'organisations caritatives comme professionnelles lors de ce moment fondateur montre que l'expression « ONG » avait déjà été conçue dans un sens large. Ce penchant n'a fait que s'accentuer depuis lors. D'où l'extrême difficulté de parvenir à une définition satisfaisante qui soit à la fois suffisamment explicite et fondée sur des bases théoriques solides ; mais qui puisse être aussi opératoire, et enfin qui fasse consensus. Autant dire qu'il s'agit là d'une gageure qui n'a jamais pu être pleinement relevée près de soixante ans plus tard. Dans un rapport qu'il leur a partiellement consacré, en 2000, le Conseil d'État français évoque « une catégorie très vaste… définie par soustraction » (p. 336). Cette exceptionnelle diversité du milieu ONG en rend la définition, aux yeux de beaucoup, moins certaine que jamais désormais.

Ce n'est pas faute, pour nombre de chercheurs et d'analystes, de s'y être essayés. Juristes, politiques, sociologues, économistes fournissent la leur. C'est paradoxalement l'un des domaines où les travaux sont si abondants qu'il est impossible de les passer tous en revue, même brièvement.

Après avoir rappelé quelques-uns de leurs principaux apports respectifs, il conviendra donc d'examiner si un autre cheminement que la quête d'une définition *stricto sensu* ne serait pas plus profitable.

La perspective des juristes

Ne serait-ce que parce que la référence initiale se trouve incluse dans un texte de nature juridique, il n'est guère surprenant que ces derniers aient produit une abondante littérature pour s'efforcer de cerner cet objet bizarre et mal identifié. Mais, comme le relève Dorothée Meyer [2001], un obstacle préalable réside dans le fait que les ONG ne sont pas des organisations de droit international, mais au mieux des structures issues des droits internes. Pourtant, très peu de législations nationales leur accordent aujourd'hui encore une reconnaissance spécifique. La Belgique ou le Québec (qui dispose de son droit propre sur ce plan) ont longtemps fait figure d'exception. Ils ont été rejoints par quelques autres, du Portugal à la Bolivie et au Pérou, du Botswana au Bénin, en passant par Madagascar et l'Ouganda. Mais, pour ne rien arranger, dans certains droits nationaux (comme au Bangladesh ou au Salvador) le concept d'ONG se confond intégralement avec celui d'association [Doucin et HCCI, 2000]…

Le non-juriste pourrait supposer que le droit international, ayant commencé, à travers l'article 71, à juridiciser leur existence, se serait ultérieurement attaché à déterminer quelles sont les entités qu'il reconnaît comme telles. Il s'y est certes efforcé, mais le résultat n'est pas pleinement satisfaisant. Deux textes méritent néanmoins de retenir l'attention. Un demi-siècle après la charte, l'ECOSOC, dans une résolution 1996/31 du 25 juillet 1996 (adoptée après trois ans de négociations), s'est résolu ainsi à préciser ce que serait, selon lui, une ONG. Il s'agit d'« une organisation qui n'a pas été constituée par une entité publique ou par voie d'un accord intergouvernemental, même si elle accepte des membres désignés par les autorités publiques, à condition que ceux-ci ne nuisent pas à sa liberté d'expression. Ses moyens financiers doivent provenir essentiellement des cotisations de ses affiliés. Toute contribution financière reçue directement ou indirectement d'un gouvernement doit être déclarée à l'ONU ». Cette approche, toutefois, reste essentiellement institutionnelle. Elle ne dit rien quant à la transnationalisation et affiche des vœux pieux sur les ressources. Aucune grande ONG contemporaine n'est ainsi financée majoritairement par ses adhérents : même pour celles dont les finances sont essentiellement constituées par des fonds privés, ceux-ci proviennent surtout de collectes auprès du public ou de donations de fondations et d'entreprises.

La convention 124 du Conseil de l'Europe

Plus connu par son numéro que par son intitulé, ce texte s'efforce à la fois de restreindre et de préciser le champ d'application du terme « ONG ». Son article premier désigne en effet comme telles les « associations, fondations ou autres institutions privées qui remplissent les conditions suivantes :

a. avoir un but non lucratif d'utilité internationale ;

b. avoir été créées par un acte relevant du droit interne d'une Partie ;

c. exercer une activité effective dans au moins deux États ;

et avoir leur siège statutaire sur le territoire d'une Partie et leur siège réel sur le territoire de cette Partie ou d'une autre Partie ».

À travers cette définition, le caractère associatif des ONG est fortement affirmé. Ce qui exclut les associations de fait (puisqu'il faut avoir été créé par un acte effectif relevant du droit interne d'un État membre), mais ne réserve pas son emploi aux seules associations et fondations. Dès lors, les organisations de défense d'intérêts professionnels peuvent s'y trouver incluses à la double condition de mener leurs activités dans plusieurs États et de poursuivre, elles aussi, un but d'utilité internationale. Se trouvent en revanche ainsi éliminées la plupart des organisations syndicales. Toutefois celles-ci, en droit international, disposent depuis 1919, dans le cadre de l'Organisation internationale du travail (OIT), d'un statut propre, internationalement consacré.

Outre qu'elle précise ce qu'il faut entendre par « international » (la présence dans au moins deux pays), une autre des innovations de cette convention réside dans la notion de but non lucratif d'« utilité internationale », inconnue des droits nationaux. Plus large que celle (traditionnelle) de l'« intérêt général », elle accentue la référence au transétatique en même temps que la distinction avec les entreprises transnationales. Ratifiée (en 2003) par seulement huit États (Autriche, Belgique, France, Grande-Bretagne, Grèce, Portugal, Slovénie, Suisse), elle suscite beaucoup d'espoirs dans le milieu non gouvernemental européen, à proportion de l'incapacité de l'Union européenne (UE) à parvenir, elle, à un accord sur un règlement communautaire portant statut d'« association européenne », véritable « serpent de mer » bruxellois [Conseil d'État, 2000]. Pour autant, le faible niveau des ratifications pour un texte déjà ancien témoigne des difficultés de sa mise en œuvre. Alors que plusieurs signataires (dont la France, l'Autriche et l'Irlande) proposent déjà de mieux cerner la question de l'« utilité internationale » et de préciser pour certaines entités dont le statut pourrait poser problème (comme les « charities » britanniques ou les « établissements d'utilité publique » belges) si elles entrent ou non dans son champ (*ibid.*)...

Une OI régionale, le Conseil de l'Europe, a véritablement tenté d'aller plus loin, et de façon *ad hoc*. Il a élaboré la « Convention européenne sur la reconnaissance de la personnalité juridique des organisations internationales non gouvernementales », dite « convention 124 », adoptée le 27 avril 1986.

Si la convention 124 éclaire le champ d'une possible définition, elle ne résout pas toutefois certaines difficultés. D'abord, parce que son existence même demeure relativement confidentielle. Ensuite parce que, bien que ressortant certes du droit international, sa portée n'est que régionale, et donc non applicable géographiquement au-delà. Sur le Vieux Continent même, outre l'Espagne, l'Italie et l'Allemagne, l'Europe du Nord, pourtant fertile en ONG, en est absente. Sans compter les pays d'Europe centrale et orientale. Enfin parce qu'elle souffre encore de bien des imprécisions, particulièrement sur ce que signifie la projection internationale, ou ce que recouvre la non-lucrativité. Où placer ainsi le Comité international olympique (CIO), dont le siège se trouve dans un des pays parties à la Convention, et qui se présente comme une « OING [organisation internationale non gouvernementale], à but non lucratif à forme d'association dotée de la personnalité juridique, reconnue par le Conseil fédéral suisse, et dont la durée est illimitée [1] » ? La forme associative, au plan statutaire, n'est pas en cause, mais *quid* des intérêts commerciaux dont la place dans le mouvement olympique est aujourd'hui considérable ? En dehors même des questions qu'ils suscitent (et des scandales récurrents qu'ils provoquent), ce sont bien les revenus que le CIO tire d'activités marchandes (à travers les cessions de droits audiovisuels, les concessions, la vente de billets, d'espaces publicitaires…) qui alimentent très majoritairement ses finances.

Il n'est guère surprenant dès lors, bien que leurs efforts pour préciser et compléter une définition qui ferait consensus n'aient jamais cessé, que les juristes demeurent partagés. Ils insistent (suivant les nuances propres à chacun) sur tel ou tel trait pour eux essentiel dans la caractérisation des ONG. Ainsi, près de quinze ans avant cette charte, Mario Bettati, d'abord, mettait en exergue « le caractère international de leur composition et de leurs objectifs […] privé de leur constitution […] bénévole de leurs activités » [1986, p. 8]. Mais l'approche de l'extranéité par la composition (même si les objectifs comptent aussi) demeure restrictive. Quant au caractère bénévole, il est assimilé à la seule

1. CIO, *Charte olympique*, article 19, alinéa 1 (version révisée au 14.07.01), Lausanne, Éditions du CIO, 2001.

non-lucrativité. Plus récemment, Jean-Jacques Roche les identifie à des « organismes privés sans but lucratif, disposant d'une personnalité juridique attribuée par leur État d'origine et qui sont parfois reconnus par un organisme international afin de disposer d'un statut consultatif » [1999, p. 251]. Mais rien n'est dit quant aux autres types de liens avec l'international, plus déterminants pour beaucoup d'ONG, ni à l'égard des fonctions.

Le juriste privatiste qu'est Charnovitz tient, lui, pour ONG toute entité s'auto-affirmant comme telle [2002b]. Il n'en exclut que les individus et les entités à but lucratif, mais y inclut même les syndicats. Certaines OI prônent la même voie. Ainsi la plus récente, l'OMC, prévoit bien dans son accord constitutif, à son article V2, la conclusion d'« arrangements appropriés aux fins de consultation et de coopération avec les organisations non gouvernementales ». Cependant, les ONG qui seront ensuite admises à assister aux séances plénières de la conférence ministérielle de l'organisation sont simplement qualifiées d'« ONG partenaires de l'OMC », sans plus de précisions…

Le point de vue des sociologues et politiques internationalistes

Les contributions des sociologues et politiques des relations internationales s'avèrent également riches et méritent une attention soutenue en ce que leurs auteurs se sont attachés à mieux cerner le lien d'extranéité. En France, le défricheur reste ici Marcel Merle, dont la définition (élaborée dans les années 1970) des ONG comme « tout groupement, association ou mouvement constitué de façon durable par des particuliers appartenant à divers pays en vue de la poursuite d'objectifs non lucratifs » [1982, p. 362] a longtemps donné le ton. Plus récemment, Josepha Laroche, elle, retient la définition donnée par l'Union des associations internationales (UIA, acronyme anglais), selon laquelle est ONG toute « association composée de représentants appartenant à plusieurs pays et qui est internationale par ses fonctions, la composition de sa direction et les sources de son financement. Elle n'a pas de but lucratif et bénéficie d'un statut consultatif auprès d'une organisation intergouvernementale » [2000, p. 135]. Mais l'UIA, aussi honorable soit-elle, se trouve fortement déphasée par rapport aux réalités concrètes du monde ONG contemporain. Marie-Claude Smouts, Dario Battistella et Pascal Vennesson les voient avant tout comme des « organisations composées d'individus qui se regroupent volontairement en associations pour poursuivre des objectifs communs ». Celles qui interviennent dans le fonctionnement des relations internationales sont qualifiées par eux d'OING [2003, p. 374].

Si l'international occupe ainsi une place éminente dans ces conceptualisations, diverses réserves, tirées de l'observation du quotidien ONG, peuvent être formulées. Elles conduisent nécessairement à s'interroger sur leur applicabilité à des situations caractérisées par leur hétérogénéité. Ainsi, le critère d'appartenance des fondateurs à plusieurs pays, comme seule caractéristique du rattachement international, se trouve en net décalage avec la mononationalité de beaucoup (au Nord comme au Sud). Ces organisations sont pourtant, empiriquement, cataloguées comme ONG. *A contrario*, ne les retenir comme internationales qu'à partir de leur fonction ou de leur financement se révèle fortement contradictoire avec la variété des terrains d'activité et l'origine (qui peut rester très nationale) de leurs ressources. Pareillement, toutes ne bénéficient pas (et de loin) d'un statut consultatif, et certaines même ne le revendiquent nullement.

La persistance de l'embarras dans la conceptualisation n'est pas propre à la France. En Suisse, Pierre de Senarclens [2000] s'en tient à la charte des Nations unies. En Grande-Bretagne, Peter Willets, chargé, pour l'une des publications de l'Unesco [2002], de traiter la question « Qu'est-ce qu'une ONG ? » commence par répondre qu'il s'agit d'une « association sur une base indépendante, volontaire et permanente de personnes poursuivant ensemble des buts communs autres que prendre le pouvoir, faire de l'argent ou se livrer à des activités illicites ». Mais l'analyse pourtant fouillée à laquelle il se livre ensuite prend largement ses distances avec ce postulat initial, somme toute banal. Willets marque sa prédilection pour les réseaux à vocation internationale d'organisations, mais insiste surtout sur la dimension forcément politique, selon lui, des activités ONG. Il avait d'ailleurs posé les prémisses de cette thèse, vingt ans auparavant, en s'interrogeant sur l'influence des groupes d'intérêt sur le système international [1982]. Pareille orientation, trop univoque, accroît finalement plutôt la confusion.

L'optique des économistes

S'ils sont relativement moins nombreux à avoir tenté l'exercice, c'est, comme le remarque Alain Piveteau, qu'ils ont d'abord à se colleter avec la légitimité d'une analyse économique d'organismes dont « l'histoire, les motivations et les principes qui les animent semblent s'éloigner du mécanisme habituel envisagé par l'économie » [1998, p. 271]. Partant des travaux en économie des organisations de Robbins et Ménard ainsi que de Simon sur l'administration, il s'efforce de déterminer ce qu'est une ONG dans le domaine du développement. Pour lui, il s'agit d'« organisations économiques dont l'objectif original ou l'ensemble des contraintes qu'elles cherchent à résoudre définit leur action comme une redistribution philanthropique de ressources, d'origine et de nature principalement privées, en faveur du développement. Les ONG sont des organisations médiatrices de l'aide » [*ibid.*, p. 279].

Cette approche, notamment par sa prise en compte des buts affichés, n'est indéniablement pas dépourvue de pertinence. Elle est plus riche que celle de Cernea [1988] qui reste centrée sur le concept d'« associations bénévoles ». Mais, essentiellement fonctionnaliste, elle semble difficilement transposable hors de la sphère du développement. Or, l'activisme des ONG se déploie aussi sur d'autres terrains.

La thèse de la délimitation par domaines

Conception extensive ou restrictive

L'identification de plus en plus souvent opérée entre ONG et « société civile » contribue plus encore à brouiller les repères [Mitlin, 1998]. D'où la tentation, fort répandue, de renoncer à toute définition et de se satisfaire de la perpétuation d'un tel flou, finalement perçu comme guère gênant (au-delà des discours convenus). Mais, à vouloir s'abstraire de l'insatisfaction théorique et pratique qu'engendre une telle attitude, on ne fait qu'accroître les dangers et dérives potentiels souvent signalés, aussi bien pour les ONG que pour tous ceux qui ont affaire à elles [Cohen, 2003b]. Face justement au succès planétaire que ces organisations rencontrent, il semble impératif, au XXIe siècle (encore plus qu'auparavant, probablement), d'être en mesure de les distinguer d'autres acteurs non étatiques de la société internationale (Églises, entreprises transnationales, fédérations syndicales internationales, mafias, sectes, fédérations sportives...). D'où la proposition d'explorer d'autres voies plutôt que de s'acharner après une définition qui, pour conserver une validité minimale, sera finalement à la fois trop englobante et excluante face à l'hétérogénéité affirmée du milieu non gouvernemental.

Une première piste consiste à contourner cette diversité par une classification en secteurs principaux d'activité. Laroche [2000] propose ainsi une distinction entre quatre grandes catégories : les organisations corporatives (syndicats et branches d'activités économiques) ; les organisations techniques (Commission internationale de protection radiologique, Conseil international des aéroports...) ; les organisations savantes (Association internationale de science politique, Association des universités européennes...) ; enfin, les organisations sociales et humanitaires (MDM, MSF, Care, AI...). Cette taxinomie a le mérite d'essayer de couvrir au maximum le champ de l'action non étatique au plan international. Elle conduit toutefois à traiter identiquement des entités qui ne sont que de simples appareils bureaucratiques spécialisés et d'autres qui poursuivent des objectifs purement méthodologiques ou strictement corporatistes, ou qui visent à préserver les intérêts d'un milieu professionnel. Mais surtout à les mettre sur le même plan que celles qui, à des degrés divers, sont plutôt des regroupements d'individus, partageant des valeurs communes, mus par une culture de l'engagement et s'auto-attribuant une mission en prise directe avec l'être humain, sa vie, sa dignité, ses droits...

Une seconde piste constate le manque d'intérêt, dans le domaine scientifique comme dans celui de la relation des tiers extérieurs avec le milieu concerné, à vouloir que toute activité non étatique et non marchande soit regroupée artificiellement sous la vague dénomination d'« ONG ». Elle prône au contraire la différenciation. Les trois premières catégories précitées seraient alors plutôt à identifier sous les appellations (au choix) d'« associations non étatiques », ou d'« associations internationales » ou encore d'« associations transnationales », qui les caractériseraient mieux et plus précisément.

Domaines principaux

Le terme « ONG » serait, lui, conservé d'abord pour les organisations œuvrant dans les principaux domaines suivants : aide au développement et humanitaire ; environnement ; droits de l'homme [Rubio, 2002]. Avec certes l'ouverture de champs nouveaux, mais qui correspondraient essentiellement à des extensions des précédents et dans lesquels de toute façon les sus-dites « associations internationales » ne sont pas ou guère présentes. Ainsi en irait-il de la construction de la paix, de la protection des biens culturels, du commerce équitable… L'emploi du vocable « ONG » concernerait ainsi seulement des organisations qui, de par la nature même du mandat qu'elles se sont auto-accordé, participent (à des niveaux divers) à l'élaboration, la promotion et la mise en œuvre de programmes dans ces secteurs, à condition qu'un lien d'extranéité, même ténu, existe.

Le choix de ces catégories peut certes être discuté, voire complété. Mais il a sa pertinence. Non par quelque arbitraire prédilection, mais parce qu'il repose sur des fondements empiriques solides. C'est en leur sein, en effet, que l'action d'ONG s'est le plus affirmée, et souvent spectaculairement, depuis les années 1960. Il est patent aussi que pour nombre d'entre elles, à commencer par beaucoup d'occidentales, la dimension de projection internationale constitue un facteur structurant supplémentaire — qu'il s'agisse de programmes menés sur le terrain dans un pays tiers par rapport à celui de création de l'ONG ou d'actions dites de « plaidoyer/témoignage » (*advocacy* en anglais), voire de *lobbying* sur des questions sortant du strict cadre national, et que l'association concernée se donne pour mandat de traiter. Ce lien avec l'extérieur connaît des formes multiples. Il peut tenir à la nature même des problématiques que l'ONG prend en charge, ou au fait que leur traitement ne peut être envisagé à l'aune d'un unique pays, voire à des connexions avec des réseaux transnationaux.

Ces secteurs sont aussi ceux qu'opinions publiques, décideurs et bénéficiaires portent au crédit des ONG, et qu'ils identifient comme leurs terrains d'élection, beaucoup plus que ceux où œuvrent les associations techniques ou savantes. Enfin, sur le plan théorique, ils fournissent un commode étalon de mesure, permettant (dans une majorité suffisamment significative de cas) d'appréhender le niveau de la capacité de création de telles entités par des individus.

Mais les objections à une différenciation uniquement par domaines sont sérieuses. La première est liée à la question particulièrement complexe des ONG dites du « Sud ». Existe-t-il des raisons scientifiquement valables d'écarter ces associations, si elles sont purement nationales, voire très locales (ce qui est le cas de l'immense majorité d'entre elles), dès lors qu'elles œuvrent dans l'un des domaines qui viennent d'être déterminés, même en l'absence d'un quelconque lien avec l'international ? Beaucoup le susurrent *mezzo voce*, mais rares sont ceux qui s'aventurent à poser ouvertement la question. Cependant l'auto-appropriation manifeste, au Sud, du vocable ONG suffit-elle à les caractériser comme telles lorsque aucune attache avec l'extranational n'est décelable ? L'approche par la dénomination ONG contribue-t-elle véritablement alors à l'élémentaire compréhension du rôle comme du fonctionnement de ces organisations ? Qu'il s'agisse d'un groupement villageois, d'une ligue de défense agraire, d'une association de protection de la faune locale, d'une organisation luttant contre l'exclusion ou la prostitution, il est permis de penser qu'une analyse à partir de la notion d'acteur social au sein de la société concernée serait plus appropriée et plus scientifique.

Une autre objection tient évidemment à la fluidité et à l'évolution continue de tels champs, qui, par nature, relativisent les efforts de catégorisation. Pourquoi les « ONG » prétendraient-elles exercer un quelconque monopole sur eux ? Rien n'empêche un autre acteur privé d'en investir au moins certains. Parce que, s'agissant d'une entreprise par exemple, elle en espérerait un profit direct ou indirect. On voit ainsi depuis quelques années des firmes privées proposer leurs services à des gouvernements, à l'UE ou à des OI sur les terrains du développement, de l'humanitaire ou de l'environnement.

La méthode du faisceau de caractéristiques

L'approche par domaines peut néanmoins être conservée partiellement, d'autant qu'elle facilite la compréhension pour le néophyte à partir d'une présentation descriptive qui rend commodément compte de la diversité et de la richesse du milieu.

Mais à la condition qu'elle soit éclairée et complétée non, encore une fois, par une quasi impossible définition, mais à partir d'une investigation (croisant les apports disciplinaires) qui s'attacherait à la détermination d'un faisceau de caractéristiques minimales communes. La dénomination d'ONG s'appliquerait alors à toute entité qui verrait réunies en elle cinq caractéristiques.

Si elles n'appellent pas de classement hiérarchique particulier, les première et cinquième caractéristiques (ainsi, dans une moindre mesure, que la quatrième) nous paraissent autoriser

Cinq éléments caractérisant l'ONG

• La notion d'association, c'est-à-dire le regroupement de personnes privées pour défendre un idéal ou des convictions et assurer la réalisation d'un dessein commun non lucratif (ou, autrement dit, non principalement marchand). Mais avec la double précision de comporter un certain caractère de permanence et surtout de constituer un projet au bénéfice d'autrui et non des membres seuls.

• La forme juridique particulière que symbolisent ces termes d'« association » ou d'« organisme non lucratif », au gré des droits nationaux.

• Le rapport aux puissances publiques comme privées, tant au niveau national qu'international. Avec comme visée la constitution d'un espace autonome de la sphère des compétences (et donc leur limitation), d'abord des États. Ce qui n'exclut nullement les liens, mais suppose que l'État n'est pas à l'origine de sa création, et que la relation avec lui ne relève pas d'une forme de domestication. Ensuite et pareillement, s'agissant d'OI, d'entreprises, d'Églises et mouvements religieux, de sectes... o u, bien sûr, de groupe criminels.

• La référence à des valeurs impliquant, en même temps qu'un engagement librement consenti, la volonté affichée d'inscrire l'action associative dans une dimension citoyenne insérée dans un cadre démocratique (qu'il s'agisse du fonctionnement interne, du contexte de l'action ou du rapport au politique) autant qu'articulée, à des degrés divers, avec les « sociétés civiles », dont elle forme un des segments essentiels.

• Le caractère transnational de l'action menée :

— soit par le mandat qu'elle s'auto-accorde pour mener une action directement opérationnelle dans une autre partie de la planète (projets de développement, humanitaires, etc.), défendre des droits humains à l'extérieur du pays d'origine, intervenir pour la protection de l'environnement,

— soit parce que son activité implique une relation (qu'elle qu'en soit la nature) avec une entité tierce à l'État du siège, qu'il s'agisse d'une ONG, d'une OI, d'un autre État...

d'utiles différenciations. Par exemple avec d'autres activités de type mutualiste, coopératif, corporatiste, menées au profit des seuls adhérents. Ou des actions caritatives d'assistance, de défense des droits..., strictement localement ou nationalement à la fois centrées et conduites. Enfin, ni la capacité d'autonomisation observable par rapport aux puissances publiques et privées (si elle est plus complexe à mesurer), ni le cadre juridique ne doivent non plus être éludés. Pour les singulariser, particulièrement par rapport à des fondations ou des organismes créés et contrôlés par des États...

Lorsque l'analyse de l'organisation concernée déboucherait sur le constat de l'absence d'un ou plusieurs de ces éléments, celle-ci n'aurait pas à être qualifiée d'« ONG », mais d'« association », « groupement », « mouvement » ou toute autre dénomination. Le milieu non gouvernemental y gagnerait globalement beaucoup, ne serait-ce qu'en clarté et en transparence, aussi bien au plan interne que vis-à-vis de l'extérieur. Les principaux bailleurs de fonds publics internationaux poussent d'ailleurs dans cette direction les ONG qui sollicitent leurs financements, en les assujettissant à diverses conditions préalables, voire en leur suggérant d'ajouter au sigle un « I » pour « international » : leur littérature foisonne désormais de références aux « ONGI » ou (plus symbolique encore) aux « ONG internationales », mixant abréviation et mot complet. L'emploi de l'un ou l'autre terme se répand rapidement et son usage est, il est vrai, commode.

Pourrait-on admettre néanmoins, si quatre des cinq éléments de caractérisation étaient réunis à l'exception du transnational, que l'entité concernée soit qualifiée d'« ONG nationale » ou « ONG-N » ? C'est ce que prônent certains, tel Yves Beigbeder (de surcroît ex-fonctionnaire international) qui distingue entre « ONG nationales », régies par les droits locaux, et « ONG internationales », qui le seraient par la combinaison de l'article 71 et de la convention 124 [1992].

Pareille distinction offre l'apparence de la simplicité, à peu de frais. La discussion n'est pas tranchée, mais le gain réel pour les unes comme pour les autres demeure fort incertain. Une association ne présentant aucune dimension d'extranéité ne verrait amoindrir pour autant ni l'efficacité de son action, ni son influence, en n'étant pas dénommée « ONG » ! Sauf à vouloir à toute force privilégier la mode et l'air du temps, conserver la dimension transnationale semble, en théorie comme en pratique, nettement préférable.

D'autant que pourrait s'amorcer, dans un avenir proche, une division supplémentaire entre certaines ONG de plus en plus transnationales (par leur taille, leurs moyens financiers et humains, ainsi que par un rayon d'action véritablement mondial) et des ONG de niveau moyen. C'est la position qu'adopte également Ian Smillie, qui n'hésite pas même à comparer les premières aux entreprises transnationales [2002].

Quoi qu'il en soit, le terme d'« ONG » a connu une fortune considérable, particulièrement depuis le dernier tiers du XXe siècle. Celle-ci ne se dément pas au début du suivant.

III / Un activisme en forte croissance

La quantification du nombre d'ONG existant en ce début de XXIe siècle n'est pas scientifiquement possible. L'incertitude quant à la définition, la liberté d'usage du terme et sa réappropriation générale suffiraient déjà à l'empêcher. Mais en outre, dès lors que la création d'associations relève (dans un nombre désormais croissant de pays) du domaine des libertés fondamentales, elle est relativement peu contrôlée. Situation certes positive en termes de liberté, mais qui a comme conséquence paradoxale d'entretenir là également le flou, à rebours de l'importance grandissante prise par le tiers secteur et, au sein de ce dernier, par le phénomène quasi universel que sont devenues les « ONG ».

Réappropriation générale et planétaire

L'identification détaillée des raisons qui y président ne présente qu'un intérêt limité. Trois d'entre elles méritent néanmoins que l'on s'y arrête plus particulièrement.

La première découle de la profonde remise en cause dont la construction politique élaborée que constitue l'État moderne fait l'objet depuis plusieurs décennies. Ainsi, le « tout-État » apparaît, dès la fin des années 1960 (à travers les exemples négatifs des pays communistes, des dictatures « progressistes » du tiers monde, mais aussi de l'« État-providence » occidental), comme un échec relatif. Il en va de même du « tout-politique », qui confortait et justifiait sa prétention à un rôle hégémonique, même si ce dernier connaît dans les années immédiatement postérieures à 1968 un bref regain de faveur. La suprématie progressive du libéralisme (dans l'ordre économique comme idéologique), à partir de la fin de la décennie 1970, va également fortement contribuer à la valorisation de tout ce qui se situe hors l'État, qu'il s'agisse de l'entreprise privée ou du secteur associatif. Sa contestation au tournant du millénaire n'inverse nullement cette tendance. Au contraire, les mouvements dits « altermondialistes » s'appuient massivement sur l'associatif et les initiatives citoyennes. Ils ne prônent nullement un retour à une conception totalisante et absolutiste de l'État : tout au plus réclament-ils qu'il n'abdique pas certaines de ses prérogatives et ne se contente pas d'une gestion *a minima* des affaires publiques.

La montée en puissance parallèle de l'individualisme démocratique et la revendication d'une place non dominée face à l'État pour la société (qu'elle soit ou non qualifiée de « civile ») accentuent ensuite sa récusation, avec l'explosion des formes d'auto-organisation qu'elle induit. Des considérations pratiques entrent aussi en ligne de compte. Non seulement l'État est contesté par le « bas » du fait des modifications de l'environnement idéologique de son déploiement, mais son emprise sur certains secteurs clés massivement investis par lui (la santé, l'éducation, la formation, le crédit...) recule, parce que son efficacité même y est sévèrement réévaluée. Par ailleurs, la globalisation et l'intégration sans cesse renforcée des États dans des ensembles sous-régionaux et mondiaux les enserrent dans des systèmes d'obligations réciproques ainsi que de contraintes tellement complexes et puissantes qu'ils aboutissent à des abandons fréquents et croissants de souveraineté. Dès lors, l'État est également contesté par le « haut ». Sans compter les cas de disparition ou d'effacement par l'effet des « fatigues » ou « pannes d'État » [Salamé, 1996], voire d'effondrement pur et simple, total, comme en Somalie ou, durant plusieurs années, au Liberia, en Sierra Leone, au Cambodge... Enfin, des États nominalement reconnus se révèlent dans l'incapacité d'exercer leurs attributs de souveraineté.

Une deuxième raison tient au développement de la vie internationale et des ressources matérielles et humaines qu'il engendre. Celles-ci permettent d'abord la multiplication et la diversification des entrées et des acteurs. Elles contribuent ensuite à « planétariser » approches, problèmes et recherches de solutions.

Le modèle cyclique de Charnovitz

Cet auteur émet l'hypothèse que l'influence des ONG obéirait à des cycles [2002a]. Ainsi, durant les cent cinquante dernières années, elle aurait graduellement augmenté jusqu'en 1914, puis, après une chute causée par le premier conflit mondial, serait revenue à un niveau élevé dans les années 1920, avant de baisser à nouveau au cours de la décennie suivante et de s'effondrer avec la Seconde Guerre mondiale. Après s'être stabilisée au cours des années 1950, elle aurait repris une progression d'abord lente et, depuis le début des années 1990, très rapide, atteignant désormais un niveau record. Ce modèle cyclique s'expliquerait à la fois par les besoins accrus des gouvernements et par l'augmentation des compétences des ONG. Enfin, cette périodisation atteindrait ses niveaux les plus élevés durant les phases chronologiques où la paix non seulement est revenue, mais s'annonce durable ou du moins est espérée comme telle.

Le raisonnement est séduisant, mais souffre de faiblesses internes. Le lien avec les « besoins des gouvernements » n'est pas explicité et est contradictoire avec les relations beaucoup plus complexes et nuancées entre ONG et pouvoirs politiques. L'idée que seules les premières répondraient aux « besoins » des seconds n'a guère de consistance scientifique, ni même empirique. Par ailleurs, les compétences propres ou l'expertise desdites ONG n'expliquent pas suffisamment pourquoi certains secteurs, à commencer par ceux des droits de l'homme, du développement, de l'humanitaire ou de l'environnement, ont connu un tel engouement. D'autant moins que, dans une phase initiale, les compétences en question laissaient parfois (sinon souvent) à désirer. En outre, la corrélation avec la « paix » est très occidentalo-centrée. Elle fait bon marché des situations conflictuelles nombreuses qu'ont connues et connaissent, précisément à partir des dernières décennies du XXe siècle, divers pays et régions — d'Afrique comme du Caucase et d'Asie centrale ou d'Europe du Sud-Ouest —, qu'il s'agisse de guerres interétatiques ou intra-étatiques, opposant armées régulières, guérillas, milices, factions, avec comme victime principale la population civile.

Cette théorie du cycle repose avant tout sur l'intuition d'un lien étroit entre le crédit des ONG et des moments historiques donnés. L'historicité de la construction progressive de l'univers ONG est certes réelle, nous l'avons vu. Mais si son rôle explicatif est évident, lui accorder une fonction prédictive quant au futur est plus discutable. L'idée de périodicité semble en fait plutôt corrélée avec un sentiment anxiogène (assez répandu au sein du milieu) que l'épuisement d'une période temporelle commencée en 1945 pourrait signifier la fin d'un « âge d'or » pour les ONG, voire la remise en cause de leur existence. Mais la pérennité et le renforcement de certaines, telle SCF qui existe depuis plus de quatre-vingts ans, ou de plus récentes, comme Oxfam, MSF ou Greenpeace, contredisent les craintes (ou les désirs inavoués…) quant à cette disparition supposée inévitable. L'idée de phases cycliques demanderait par conséquent à être reprise et surtout affinée.

Difficile dénombrement

Les chiffres les plus fantaisistes circulent quant au nombre d'ONG par pays, continent ou sur l'ensemble de la planète. Au sein du milieu lui-même, ce qui pourrait se comprendre. Mais ni les gouvernements, ni les OI, ni les chercheurs ne parviennent plus à s'accorder à ce propos.

L'incertitude commence presque toujours au niveau des pays eux-mêmes puisque, comme le rappelle Michel Doucin [Doucin et HCCI, 2000], l'exigence d'enregistrement préalable ou d'inscription sur une liste nationale est peu répandue. Ainsi, en France, alors que toute création d'entreprise commerciale en nom propre ou sous forme sociétaire entraîne *ipso facto* l'inscription à un registre du commerce et des sociétés (laquelle constitue aussi une garantie pour les tiers), il n'existe *a contrario* pas de fichier départemental ni national pour les associations, quels que soient leur taille ou leur domaine d'activité. Si les pouvoirs publics portent la responsabilité principale de cette absence, elle symbolise bien l'inexistence ou la faiblesse des indicateurs possibles de référence.

Les renseignements fiables manquent et ceux disponibles sont sujets à des interprétations divergentes. Ainsi, là où de Senarclens [2001], s'appuyant sur Risse-Kappen [1995], voit le nombre d'ONG déployant une activité internationale passer de 176 en 1909 à 1 255 en 1960, puis à 2 173 en 1972, pour culminer à 5 000 environ au début du troisième millénaire, Smouts, Battistella et Vennesson [2003] les estiment à plus de 20 000.

Les données sur lesquelles un degré de certitude raisonnable existe sont, pour la France, celles tirées de l'annuaire établi, tous les trois ans environ, par la Commission Coopération Développement (CCD), instance paritaire entre les pouvoirs publics et le monde associatif du développement et de l'humanitaire, principalement, ainsi que, accessoirement, des droits de l'homme et de l'environnement. Son *Répertoire 2004* en recense 329, contre 458 en 2000 [CCD, 2004, p. 105]. Il s'agit des organisations ayant répondu à un questionnaire préalable, à partir d'un fichier certes non absolument exhaustif mais régulièrement tenu à jour, enrichi et corrigé depuis une douzaine d'années. Même si certaines organisations établies en régions et quelques rares nationales, n'ayant pas jugé opportun de se faire répertorier, n'y figurent pas, la marge d'erreur reste acceptable.

Il en va de même pour les données fournies, au niveau européen, par le Centre de développement de l'Organisation de coopération et de développement économiques (OCDE) [Woods, 2000]. En croisant ses propres sources avec celles de l'ONU, du Conseil de l'Europe et de l'ex-Comité de liaison des ONG auprès de l'UE, il est parvenu en 2000 à établir un répertoire recensant 4 436 ONG actives en Europe (dans vingt-six pays exactement) dans le seul domaine du développement, en y incluant le développement durable. Les Nations unies, elles, précisent qu'environ 2 000 ONG bénéficient d'un statut dit « consultatif » auprès de l'ECOSOC, tandis que leur Service de liaison non gouvernemental (NGLS, acronyme anglais) répertorie dans son fichier plus de 6 000 ONG [HCCI, 2002].

L'extrapolation de ces diverses informations conduit à une évaluation beaucoup plus incertaine, bien que souvent retenue, du nombre d'ONG dans les pays du Nord entre 20 000 et 25 000 [Rubio, 2002 ; Smouts *et al.*, 2003]. Mais l'UIA les voit près de 40 000. L'estimation pour les pays du Sud varie, elle, entre 200 000 et 400 000… L'une comme l'autre demeurent sujettes à caution.

La vitalité ainsi fortement marquée se traduit concrètement dans une série de domaines où un certain nombre d'organisations occupent dorénavant de fortes positions.

Quant à la troisième raison, elle découle de la croissance exponentielle des divers médias, canaux de communication et réseaux qui couvrent d'un maillage de plus en plus serré la surface planétaire. Ce foisonnement, par les facilités qu'il offre en termes d'échanges, de mobilisation, de mises en commun, est tout à fait en phase avec des entités plutôt souples et adaptables comme le sont, fréquemment, les ONG. Préexistant à Internet, le milieu non gouvernemental y a puisé de fantastiques capacités démultiplicatrices : il en est à la fois un très gros utilisateur et un pourvoyeur majeur. La « Toile » enregistre ainsi un foisonnement quasi infini de sites ONG.

Rien d'étonnant par conséquent si, face à ce succès croissant, tout le monde se veut dorénavant « ONG ». Le phénomène est particulièrement frappant dans les pays en voie de développement. Des associations aussi diverses que variées y font une utilisation immodérée du vocable. Nombre de villes du Sud voient ainsi fleurir sur le bord des rues et routes des panneaux indicateurs signalant les adresses de l'« ONG X, Y… ».

IV / Trois domaines d'élection en constante évolution

Développement et humanitaire, droits de l'homme (ou droits humains) et environnement constituent les domaines phares (et ceux de plus grande visibilité) des ONG contemporaines. Mais cette forte présence les confronte en même temps, avec une évidente acuité, à une série d'interrogations qu'elles peuvent de moins en moins laisser sans réponses.

Enfin, les frontières de ces terrains d'action sont à la fois mouvantes et constamment repoussées.

Développement et humanitaire

L'importance prise par ce secteur d'activité a largement contribué à la vogue croissante des ONG considérées comme groupe indistinct, ainsi qu'à la place qu'elles se sont acquise dans le champ international. Les acteurs concernés en ont tiré une forte aura, tant auprès des opinions que de médias, d'OI que d'États souvent forcés de constater qu'il est contre-productif, voire risqué, de les négliger.

Les échecs de nombreux programmes de la coopération publique Nord/Sud, aussi bien sur le plan bilatéral que multilatéral (des « éléphants blancs » au « mal-développement »), sont ainsi régulièrement opposés aux résultats dont sont crédités ceux impulsés sous la houlette de ces acteurs non étatiques. *A contrario*, ils sont apparus en effet comme d'une efficacité supérieure, en dépit du mépris que les opérateurs de l'aide publique au développement (APD) leur ont longtemps témoigné. Plus particulièrement, les ONG du Nord présentes au Sud (puisque ce sont d'abord elles qui ont bénéficié de cette faveur) ont semblé manifester, avec leurs partenaires locaux, une capacité à agir et toucher au plus près des populations que l'APD parvenait mal à prendre en compte, notamment en termes de besoins. D'un autre côté, l'augmentation et la pérennisation de situations de détresse humanitaire (dues à la multiplication et à l'installation dans la longue durée des conflits armés non internationaux), les impacts de plus en plus sévères des catastrophes naturelles (en raison notamment de la pression foncière et de l'urbanisation, engendrées par la croissance démographique, des transformations économiques et sociales, des désordres environnementaux, ainsi que de la déliquescence des infrastructures et de la sous-administration), l'explosion de pandémies (comme le sida ou le sras) requièrent une aide multidimensionnelle. Pour y faire face, une politique de l'offre s'est progressivement mise en place, parallèlement à la présence de plus en plus marquée desdites ONG sur le terrain.

La notoriété des associations du secteur est aujourd'hui un fait observable par l'analyste des relations internationales, comme par le sociologue. Même si elle est regardée par certains comme surfaite et finalement non justifiée. Marcussen considère (s'appuyant sur diverses évaluations) que « leurs performances s'accompagnent aussi de nombreux points faibles. [...] Il semble [qu'elles] aient des difficultés particulières à dépasser le niveau micro » [1998, p. 584]. Reste que des ONG majeures sont en charge de programmes qui, tous confondus, touchent plusieurs dizaines de millions de personnes annuellement de par le monde. Qu'elles soient anglo-saxonnes — américaines (Care, World Vision, Catholic Relief Services [CRS]), britanniques (SCF ou Oxfam), irlandaises (Concern) —, allemandes (Misereor, Brot für die Welt), néerlandaises (NOVIB ou MSF-Hollande), ou françaises (MSF-F, Médecins du monde-France [MDM-F], CCFD, Action contre la faim [ACF], Handicap International [HI]), ces associations sont presque toujours présentes sur le front du développement, comme sur les principaux lieux de conflits ou de catastrophes, à travers le temps et l'espace.

Nul n'imaginerait ainsi aujourd'hui une « crise humanitaire [1] » sans la présence rapide et souvent simultanée de

1. Terme lui aussi consacré par l'usage, mais dont la signification demeure ambivalente. Il faut plutôt lui préférer la notion d'« urgence humanitaire complexe ».

missions dépêchées par ces ONG avec personnels, moyens, matériels, véhicules [Ryfman, 2001]... Il n'en va guère différemment (même si elles recourent moins, dorénavant, à des expatriés et que l'apparat en matériel est plus limité) pour nombre de programmes de développement : du microcrédit à l'agroforesterie, en passant par l'éducation, la santé, le commerce équitable, la formation, le renforcement des capacités locales...

Un autre des principaux acquis de ce type d'ONGI réside dans leur progressive imposition comme l'un des vecteurs majeurs des processus internationaux de coopération et d'aide. Ce faisant, elles ont été pionnières, provoquant une profonde remise en cause du modèle traditionnel d'organisations privées à vocation transnationale jusque-là existantes. Auparavant, celles-ci se limitaient à l'élaboration de propositions théoriques d'actions qu'elles suggéraient aux États ou aux OI de mener, ou bien à la dénonciation symbolique de telle ou telle situation jugée insupportable, ou encore à une activité de groupe de pression. Certaines continuent de privilégier d'ailleurs ce dernier mode opératoire, mais en en renouvelant l'approche. Il s'agit des organisations que l'on caractérise par le terme américain d'*advocacy*, dont l'équivalent le plus proche en français est « plaidoyer/témoignage ». Elles mènent campagne contre la dette des pays africains, les exportations agricoles européennes subventionnées, l'ajustement structurel imposé par les institutions financières internationales (IFI)... Particulièrement actives en Europe du Nord et dans les pays anglo-saxons, elles ont suscité des épigones ailleurs : leur représentante la plus caractéristique en France est Agir Ici.

La plupart des ONG du secteur, cependant, insistent sur leur caractère opérationnel, tout en intégrant au sein de la gamme de leurs activités des fonctions de proposition, dénonciation, témoignage, plaidoyer. Autrement dit, elles s'adossent aux compétences, à l'expertise et à la connaissance acquises à travers leurs pratiques opérationnelles de terrain pour appuyer leur travail de pression. Cette intégration apparaît désormais comme une tendance lourde.

Quatre principales questions

Posées par l'émergence de cette catégorie d'ONG, elles demeurent de façon quasi permanente en débat. Il s'agit : de la pertinence de l'opposition urgence/développement ; des sources de financement ; du processus de professionnalisation ; de l'efficacité et l'évaluation.

• Le supposé antagonisme entre « ONG d'urgence » et « ONG de développement » (ou, selon d'autres dénominations en usage, « ONG urgencières » et « ONG développementistes », ou encore « ONG humanitaires » et « ONG développementalistes ») a été un thème très en vogue, spécialement en France, au moins jusqu'à la fin des années 1980. Il constituait une clé commode d'explication de la présence de plus en plus affirmée dans le paysage associatif des premières, alors encore de création récente et se réclamant peu ou prou du « sans-frontiérisme ». Mais, déjà bousculée par l'effondrement du « tiers-mondisme politique » qui la structurait [Condamines, 1989], cette pseudodichotomie s'est largement estompée et n'est plus guère en usage depuis le mitan de la décennie 1990 [Hours, 1998a]. Si elle enregistre parfois des retours inattendus de la part de chercheurs plus jeunes [Pérouse de Montclos, 2001], c'est pour être mise au service d'un nouveau paradigme sur la fonction d'alimentation de certains conflits que remplirait désormais l'aide humanitaire.

Pour autant qu'elle ait fait un jour sens, elle est en tout cas aujourd'hui bien peu opératoire [Ryfman, 1998] : plutôt qu'aider à la compréhension du champ, elle se révèle, au contraire, source de confusion. Elle est ainsi d'abord dans l'incapacité d'expliquer (et pour cause) pourquoi des ONG dites d'« urgence » mènent également des programmes de moyen ou de long terme, et n'ayant rien à voir avec ce que le sens commun qualifie d'urgent : qu'il s'agisse de la santé (soins de santé primaires, vaccination, formation à l'hygiène, programmes de traitement de certaines maladies, du paludisme au VIH) ou de la réhabilitation d'hôpitaux, un des axes de Première Urgence (PU), voire de la nutrition (distribution de semences et d'outils, projets agricoles, formation) ou du redémarrage et de la gestion de systèmes urbains de distribution de l'eau, spécialité de Solidarités. Sans omettre l'appui à des activités économiques (finance et microcrédit, relance d'activités artisanales, de la Bosnie au Burundi). De même, des ONG dites de « développement » mettent en œuvre (en matière d'éducation, de santé, d'agriculture, de renforcement des capacités locales) des programmes d'assistance immédiate à des populations réfugiées ou déplacées, voire interviennent en soutien à des processus de réinsertion dans la phase critique dite de « postcrise », consécutive à la cessation des hostilités dans un conflit armé interne ou international.

Cette distinction est aussi source de confusion parce qu'elle est demeurée essentiellement franco-centrée et correspondait pour l'essentiel aux strates historiques et idéologiques de constitution du segment associatif français dit de « solidarité internationale ». Elle n'a nullement rencontré la même faveur ailleurs, à commencer par les autres États membres de l'UE, y compris ceux où se sont construites de puissantes ONG se réclamant du « sans-frontiérisme », comme la Belgique ou les Pays-Bas. Elle est même franchement considérée comme absurde dans les pays anglo-saxons où nombreuses sont les organisations (comme Oxfam) qui mènent (sans complexe particulier), selon les zones d'intervention concernées, des programmes d'« urgence » aussi bien que de « développement ».

Il ne faut évidemment pas supposer pour autant qu'il y ait identité parfaite entre toutes les ONG considérées : outre des histoires et des cultures propres, les spécificités, les domaines d'expertise et de compétence de chacune ne sont pas identiques. Ils sont d'ailleurs assez bien délimités. Les lignes budgétaires des bailleurs institutionnels sont ainsi distinctes et la réactivité du public des donateurs individuels est différenciée [Dauvin et Siméant, 2002]. Mais c'est plus de cette manière que dans un supposé rapport à l'urgence que la ligne de partage est identifiable. Elle peut même passer à l'intérieur de l'ONG. Sa fonction essentielle est alors de contribuer à l'affirmation d'un positionnement identitaire.

Enfin, l'existence d'un tel *continuum* entre l'urgence, la réhabilitation/reconstruction et le développement, théorisée dès le début des années 1990 par le chercheur canadien, Ian McAllister [1993], est devenue un concept largement consensuel [Husson et Pirotte, 1997]. Il est pleinement intégré aux programmes internationaux, tels ceux de l'Office humanitaire de la Commission européenne (ECHO, acronyme anglais).

• La question des sources de financement de ces associations fait l'objet d'inépuisables controverses d'une particulière acuité. Elle se focalise autour de l'origine publique ou privée de leurs fonds. Elle traverse les cercles de chercheurs et d'analystes [Husson, 1991 ; Perroulaz, 1998 ; Pérouse de Montclos, 2001 ; de Senarclens, 2001 ; Mesnard, 2002]. Mais bien des auteurs issus ou proches du milieu ONG en débattent pareillement [Vaccaro, 1995 ; Dufourcq, 1996 ; Jean, 1998 ; Brauman, 2000].

En France, tradition jacobine et prégnance d'une habitude, ancienne, de large subventionnement par l'administration du monde associatif (spécialement dans le secteur sanitaire et social) se sont conjuguées pour inciter à penser qu'un financement public d'ONG induirait nécessairement une absence d'indépendance. Le débat est biaisé néanmoins par des *a priori* d'ordre quasi idéologique. En réalité, pour les ONG françaises, les financements d'origine étatique représentent une faible part de leurs ressources, même si l'on y ajoute les fonds émanant des collectivités locales. De fait, une large majorité provient de l'UE, à travers les diverses lignes budgétaires dont la Commission dispose. Enfin, en moyenne nationale, la part des fonds privés demeure nettement majoritaire (voir les données précises dans le chapitre VI).

La situation est évidemment contrastée suivant le pays d'origine des principales ONGI. Dans certains, la part des financements publics est non seulement largement supérieure à celle que connaît la France, mais prédominante par rapport aux ressources privées. C'est le cas aux Pays-Bas (47 % contre 22 %), au Danemark (65 % contre 10 %), en Belgique (53 % contre 38 %), en Norvège (46 % contre 25 %)... [Woods, 2000]. Il en va probablement de même (contrairement à une idée reçue) aux États-Unis, mais l'absence de statistiques d'ensemble ne permet pas de le confirmer. Cependant, déjà entre 1981 et 1986, les fonds alloués par l'USAID (l'agence d'aide à l'étranger et de coopération) aux ONG avaient presque doublé [Maradeix, 1990]. En 2000, c'est 30 % de l'APD qui transitait par les ONG [Lancaster, 2000, p. 20].

Peut-on pour autant en déduire que ces organisations-là auraient abdiqué leur indépendance vis-à-vis du pouvoir politique ? L'observation de terrain est loin de confirmer systématiquement cette assertion [Zimet, 2003]. Divers facteurs entrent en ligne de compte : certains, de fond, comme la place de l'État et le rapport qu'entretiennent avec lui les citoyens au sein des communautés politiques concernées ; d'autres purement conjoncturels, telle, par exemple, l'inexistence d'une administration propre au sein du ministère ou de l'Agence nationale de coopération au développement et d'action humanitaire. Il en va ainsi des nations scandinaves, contrairement à la situation qui prévalait en France jusqu'à la fin des années 1990. Le ministère de la Coopération y disposait de services conséquents. Cet élément n'est pas sans corrélation avec l'usage fréquent dans certains pays de déléguer à des ONG une part significative de l'exécution de projets de coopération au Sud.

Plus que l'origine des ressources, c'est la quête difficile de leur stabilisation qui constitue probablement le facteur clé pour le devenir de ces ONG.

• Longtemps tenue en suspicion par crainte de dissolution de l'identité associative et de remplacement des militants par des salariés, la professionnalisation (prise avant tout dans le sens du professionnalisme) est une donnée aujourd'hui largement admise en interne [Ryfman, 1999, p. 187], mais qui continue à susciter la discussion à l'extérieur, hormis chez les financeurs institutionnels qui, au contraire, y incitent fortement. La technicisation des fonctions sur le terrain et au siège requiert en effet l'appel à des personnels capables de mettre en œuvre, à plein temps, des savoir-faire techniques, organisationnels et gestionnaires, complétés par une compétence cognitive large, afin de faire face à des situations aussi souvent ardues en termes de responsabilité que fréquemment inattendues. Au surplus, la gestion et l'utilisation aussi optimales que possible de fonds souvent conséquents (et de sources diverses) impliquent, quasi mécaniquement, la mise en place de tout un appareil de contrôle, de rédaction de rapports, de narratifs, de reddition de comptes (le terme américain d'*accountability*, traduit par redevabilité/responsabilité, est de plus en plus usité pour désigner les obligations qui pèsent dorénavant sur ces ONG en cette matière). Cet appareil doit aussi être apte à répondre aux obligations croissantes de transparence, de vérification, d'audit... La recherche même et l'obtention de ces financements sont conditionnées aussi par l'existence d'un personnel spécialisé. Celui-ci doit être hautement qualifié et familier des procédures complexes en cause : il ne peut donc plus être uniquement constitué de bénévoles. Au contraire même.

Si le processus de professionnalisation paraît ainsi inéluctable pour les ONG de taille moyenne et grande, les plus petites se targuent souvent de pouvoir s'en dispenser. Mais la contrepartie en est une interrogation quant à la qualité de l'aide alors délivrée, d'autant que les contraintes ainsi subies conduisent fréquemment à l'essoufflement rapide d'associatifs surinvestis. Voire, au bout du compte, à une progressive marginalisation, du fait des exigences de bailleurs (publics principalement), lesquels privilégient désormais la taille, supposée permettre une meilleure adéquation des ressources aux moyens comme aux finalités. Or, en second lieu, le coût de plus en plus élevé des collectes de fonds privés les élimine (par manque de disponibilités et de capacités) du marché du don.

Cependant, au-delà d'aspects plus normatifs (niveau des rémunérations, généralisation du salariat ou coexistence de plusieurs statuts, tels ceux du bénévolat ou du volontariat, gestion des carrières, maintien d'une culture de l'engagement...), deux points aveugles demeurent. La tentation de l'institutionnalisation et du refroidissement de la spontanéité [Dufourcq, 1996], en termes d'organisation d'abord. La création ensuite d'une couche salariée vivant de l'ONG et en tirant ses subsides [Rufin, 1999], qui prendrait le pouvoir au sein des associations et aurait pour objectif premier et essentiel de s'y maintenir.

• À la fin des années 1980, la pratique de l'évaluation s'est imposée comme une phase essentielle pour les ONG opérationnelles dans la mise en œuvre, la conduite et la clôture d'un programme (ce que l'on appelle le « cycle du projet ») [Beaudoux *et al.*, 1992]. Longtemps considérée à la fois comme une forme d'ingérence et une pratique coûteuse et inutile imposée de l'extérieur sur injonction des bailleurs de fonds, elle est plus perçue aujourd'hui comme une démarche de nature pragmatique et valorisante. Avec comme visée une amélioration des méthodes d'intervention en vue d'un renforcement de leur efficacité et, plus encore, de leur qualité.

Mais si « évaluer, c'est évoluer », suivant une formule popularisée alors dans le milieu ONG français [CCD, 1994], la mise en cause croissante du bilan des programmes menés depuis plusieurs décennies dans beaucoup de pays du Sud touche aussi maintenant ceux du secteur non gouvernemental. Dès lors, pour nécessaires qu'elles soient, les évaluations deviennent de plus en plus lourdes, onéreuses (en dépit de certains dispositifs permettant, comme en France, une mutualisation des coûts) et dévoreuses de temps comme d'énergie pour les personnels. Elles ne garantissent pas non plus la pérennité ou l'appropriation d'un projet par la population locale.

En outre, le volet humanitaire est demeuré longtemps plus rétif à ce processus de professionnalisation soit en référence au caractère ponctuel de certaines interventions, soit à travers une revendication de sa limitation aux aspects uniquement techniques de l'aide médicale, nutritionnelle ou logistique. Mais des débats intenses y ont dorénavant lieu sur les questions d'éthique [Woods, 2001]. Les ONG anglo-saxonnes et nord-européennes ont plutôt abordé ce processus à partir d'une attitude normative conduisant à l'élaboration de codes de conduite [Ryfman, 2000], dont le plus emblématique se nomme le « Projet Sphère » [2000]. Celles d'Europe du Sud, à commencer par les françaises, privilégient, elles, une démarche centrée sur la qualité visant, outre les aspects techniques, le sens et les valeurs qui les font agir [Coordination Sud, 2003].

Environnement

La situation des ONG de défense et promotion de l'environnement est relativement paradoxale. Les préoccupations environnementales figurent de façon quasi permanente, depuis une trentaine d'années déjà, sur nombre d'agendas nationaux comme internationaux. Qu'il s'agisse des organismes génétiquement modifiés (OGM), du nucléaire, du réchauffement climatique, de l'énergie, de la biodiversité, elles font l'objet de controverses scientifiques, de débats de société, de mobilisations militantes, de joutes électorales (entre les partis dits « Verts » et d'autres forces), de politiques publiques (par exemple l'action, sur le rivage français, du Conservatoire du littoral), de traités internationaux (tel le protocole de Kyôto sur la réduction de l'effet de serre). À l'occasion de diverses conférences intergouvernementales, à côté des représentants des États, des OI et d'entreprises transnationales, ceux de ces ONG s'activent énormément. Lors du Sommet de la Terre de Johannesburg, en 2002, 3 500 ONG étaient accréditées, même si toutes ne relevaient pas du seul secteur environnemental !

Pourtant, contrairement aux précédentes, et alors que l'environnement a, quasi par essence, une dimension transnationale, bien des ONG concernées restent essentiellement concentrées sur une base nationale, voire locale, et disposent de moyens assez faibles. Fréquemment, leur activité demeure confinée à un espace géographiquement et spécifiquement délimité (lutte contre la construction d'une centrale, l'extension d'un aéroport, une pollution industrielle, pour l'aménagement ou la préservation d'un parc naturel...), ou centrée sur un but thématique précis dans un pays donné (l'énergie nucléaire, les OGM) avec là aussi, souvent, une spatialisation étroite. Cependant « certaines [...] sont devenues des entreprises exemplaires en mobilisations » [Crettiez et Sommier, 2002, p. 382]. *A contrario*, lorsqu'elles parviennent à susciter un mouvement international (dont elles constituent alors une section) ou qu'elles adhèrent à une structure de ce type, elles voient leur poids vite décupler. Ainsi, Greenpeace, créée en 1971 aux États-Unis, a essaimé en France en 1977, au Canada en 1978, en Espagne en 1984 [Rebelle, 2002]. Elle est aujourd'hui la première ONG du secteur, avec le WWF, lequel, quarante ans après sa fondation, est devenu un réseau international comptant cinq millions de membres, à travers cinquante-six associations nationales, avec son lot de partenaires locaux et de bureaux régionaux. Quant aux Amis de la Terre, issus d'une dissidence de Greenpeace, ils se prévalent d'un million d'adhérents dans le monde.

Cinq traits dominants

• Ces ONG ont une difficulté nette à se démarquer du champ politique. Hormis celles à forte notoriété (comme Greenpeace ou les Amis de la Terre), elles souffrent, dans les pays où existent des partis écologistes relativement structurés, d'un effet d'assimilation : la défense de l'environnement est souvent perçue par l'opinion comme une cause plus partisane qu'associative. Le fait que nombre de membres et de cadres des partis Verts proviennent de ces ONG ou continuent d'en faire partie (et y soient même, statutairement, encouragés) entretient la confusion. La stagnation depuis le tournant du siècle en Europe occidentale de l'écologie politique (qui voit son corpus idéologique largement repris, mais sa base électorale s'effriter) pourrait cependant, par ricochet, dissiper progressivement cette ambiguïté.

• Certaines sont farouchement « conservationnistes ». Soit qu'elles demeurent influencées par la pensée des « chasseurs-conservationnistes », issus de la chasse sportive coloniale pratiquée en Afrique par des membres des élites européennes et nord-américaines [Sarrasin, 2002]. Soit qu'elles se reconnaissent dans une forme de « radicalisme écologique » où la préservation des écosystèmes fait l'impasse sur les communautés humaines qui y vivent et sur leurs réels besoins.

• Contrairement aux ONG de développement ou humanitaires, l'action de terrain n'est pas majoritairement conduite dans une perspective de montage et de gestion de projets, à quelques exceptions notables dont celle du WWF qui, entre 1961 et 2001, a réalisé plus de 12 000 projets dans cinquante-quatre pays. Généralement, elle est plus orientée sur la sensibilisation ainsi que l'information du public. Souvent aussi, elle y est articulée avec le registre de la dénonciation (habituellement agrémentée de références scientifiques ou présentées comme telles), du plaidoyer/témoignage et du *lobbying*, parfois à l'état pur. L'ONG américaine Sierra Club, forte de 700 000 membres, entretient ainsi à Washington une équipe fournie de lobbyistes. Ces activités revêtent fréquemment une forte charge symbolique. Elle peut prendre des formes très spectaculaires, impliquant la recherche volontaire d'une forte médiatisation : Greenpeace est passée maître dans les actions de type commando, sur terre comme en mer.

• Ces ONG ont longtemps vécu plutôt en circuit fermé et entretenu peu de liens avec leurs congénères d'autres domaines, même si une actualité particulière les renforçait ponctuellement. La question du développement ayant ainsi figuré aux agendas officiels des « Sommets de la Terre » de Rio en 1992 comme de Johannesburg en 2002, des rapprochements se sont ébauchés lors des forums d'ONG organisés simultanément. Cependant, les discours des unes et des autres y sont restés plus parallèles que croisés. En dehors de ces grandes réunions internationales, les liens demeuraient ténus et plusieurs initiatives lancées en commun avaient échoué.

Ainsi en était-il allé de la signature d'une trentaine de « traités » entre ONG de développement et d'environnement du Nord et du Sud, à l'occasion du Sommet de Rio. La référence au « traité », instrument de droit international jusqu'alors réservé aux États, se voulait significative. Mais cette tentative est restée sans lendemain. De même, le degré de relations que les ONG d'environnement entretiennent avec les grandes coordinations d'ONG de développement et humanitaires en France, aux États-Unis ou en Grande-Bretagne demeure limité.

Quelques thématiques laissent cependant entrevoir en ce début du XXIe siècle l'amorce de rapprochements pérennes, qui déboucheraient alors sur des actions conjointes plus enracinées. C'est naturellement d'abord celui du « développement durable », mais aussi des droits économiques, sociaux et culturels (DESC). Dans plusieurs pays d'Occident, des efforts sont entrepris afin de constituer un front commun réunissant ONG de développement et humanitaires, ONG d'environnement et ONG de droits de l'homme, en faveur de la promotion de ce type de droits pour les populations du Sud. Enfin, la présence de plus en plus affirmée des unes comme des autres parmi la nébuleuse dite « altermondialiste » facilite rapprochements et mises en réseau.

• Par rapport à d'autres secteurs, les modes de financement comme de fonctionnement de certaines ONG d'environnement ont plus facilement prêté le flanc à des imputations de manque de transparence. Elles ont ainsi fait l'objet de sévères critiques à ce propos, même si de telles attaques ne leur sont pas réservées. Pêle-mêle, il leur est reproché l'absence d'une authentique démocratie interne, qui permettrait l'expression de visions différentes, aussi bien que des comptes trop synthétiques et obscurs [Minc, 2002]. Pourtant, les ressources de Greenpeace, par exemple, sont constituées par les contributions des seuls membres, à l'exclusion de tous fonds publics comme d'entreprises [Rebelle, 2002]. Mais la différenciation entre les simples cotisations de militants et les versements, parfois considérables, de particuliers fortunés n'est guère faite. De même que l'existence d'un secrétariat international est souvent gommée au niveau des sections/pays, alors qu'il est loin d'être cantonné à un pur rôle administratif.

Droits de l'homme/droits humains

Pour le grand public autant que pour les politiques, les journalistes et les chercheurs, c'est le domaine d'action le plus connu, avec le développement et l'humanitaire. Bertrand Badie remarque que « jamais les droits de l'homme n'ont été aussi célébrés sur la scène internationale » [2002, p. 35]. La notoriété d'associations comme AI, la FIDH, l'Action des chrétiens pour l'abolition de la torture (ACAT), HRW est fortement ancrée. Confrontés à leur maîtrise des dossiers, doublée de fortes capacités de mobilisation et de puissants relais dans les médias et au sein même des élites, bien des États démocratiques se méfient de leur poids auprès de leurs opinions publiques. Ceux à régime autoritaire ou dictatorial les craignent encore plus, non seulement en termes d'image, mais à cause de leur capacité à porter atteinte (de leur point de vue) à leurs relations internationales.

À l'origine, l'essentiel de leur activité était consacrée au témoignage et à la dénonciation de situations considérées par elles au mieux comme liberticides (par exemple l'emprisonnement de prisonniers d'opinion), au pire comme criminelles (tortures, exécutions extrajudiciaires, viols, meurtres de masse). Elle reposait chez celles dotées de moyens suffisants sur plusieurs piliers. D'abord la constitution de dossiers pointus, élaborés par des analystes suivant en permanence leur « sujet ». Ensuite, des actions de communication, des manifestations, des pétitions, l'interpellation des décideurs. Enfin, l'envoi de missions d'enquête ou, lors de procès politiques, la présence tolérée ou officialisée (comme observateurs) de délégués de l'organisation. Mais, ici également, le champ d'action connaît une extension continue. Il englobe dorénavant l'assistance juridique (y compris dans ses aspects matériels) à des victimes d'exactions survenant lors de conflits armés internationaux ou non, ou résultant d'agissements des appareils sécuritaires de dictatures ou de régimes autoritaires. Ce qui se traduit concrètement par des dépôts de plaintes contre les présumés tortionnaires dans des pays tiers (de la Belgique au Sénégal), grâce à la technique dite de la « compétence universelle ». Elles sont encore extrêmement actives dans la promotion et l'appui aux activités des tribunaux pénaux internationaux pour le Rwanda, l'ex-Yougoslavie (TPIR et TPIY) ou la Sierra Leone.

La nature même de leur champ d'action conduit cette catégorie d'ONG, d'une part, à être moins professionnalisées (au niveau structurel) que les ONG humanitaires ; d'autre part, et conséquemment, à plus valoriser le répertoire de l'action militante. AI fait largement fond sur ses cinquante-quatre sections et ses vingt-trois « structures de coordination ». La FIDH compte quatre-vingt-dix ligues affiliées.

Ces ONG se sont aussi largement impliquées pour faire pression ou surmonter les réticences des États lors des négociations qui ont abouti à la signature de la convention de Rome instituant la CPI en 1998 [Ascensio, 2001]. Aujourd'hui, elles exercent une fonction de veille attentive des modalités de son entrée en vigueur, ou dénoncent l'attitude des pays qui demeurent réservés ou carrément hostiles à cette nouvelle juridiction, à commencer par les États-Unis. Vis-à-vis des démocraties, elles militent pour l'abolition de la peine de mort lorsque celle-ci figure encore dans l'échelle des peines (la campagne contre les États-Unis, encore, est ainsi particulièrement vigoureuse), ou bien de dispositions discriminatoires subsistant dans certaines législations (à l'égard, par exemple, des minorités sexuelles). Elles s'élèvent désormais contre les restrictions aux droits civils, sous couvert de lutte contre le terrorisme.

Les mêmes se sont intéressées aux pratiques et aux comportements d'entreprises transnationales dans des pays du Sud. Elles ont ainsi obtenu des succès notables concernant le travail des enfants dans les usines, délocalisées, d'articles de sport. La firme Nike est devenue le symbole de cette action.

D'autres, dont la notoriété auprès du public est moins affirmée, mènent, pour leur part, des programmes dont la haute technicité et les résultats sont reconnus au Sud comme au Nord, tel celui en faveur de l'amélioration des conditions carcérales de Penal Reform International (PRI), créée en 1989. Quant à RSF, c'est le modèle type d'une ONG positionnée sur une thématique centrale dont elle s'écarte peu : en l'espèce, la liberté de la presse et la défense de la catégorie qu'elle concerne au premier chef professionnellement, les journalistes [Ménard, 2001].

La liberté, même encadrée, de parole que les ONG de droits de l'homme avaient conquise de haute lutte à la CDH depuis les années 1980 [Buhrer et Levenson, 2003, p. 143] a fait de cette enceinte une caisse de résonance de leur combat. Journalistes comme diplomates s'appuient souvent, même s'ils ne le reconnaissent pas toujours, sur les rapports qu'elles établissent à propos de pays et de situations de violations des droits, soumis à l'examen de la Commission. L'influence qu'elles y ont acquise semble toutefois être devenue insupportable dorénavant à certains États (ainsi de Cuba ou de la Chine) qui s'emploient ouvertement à restreindre leur accès à cette institution [*ibid.*].

Ces domaines, pour « classiques » qu'ils soient devenus, sont, en tout cas, en constante évolution. Non seulement les interactions, les croisements et les coalitions y sont multiples, mais une des caractéristiques du milieu ONG est la tendance lourde à faire évoluer les « mandats » et à investir régulièrement des champs nouveaux.

V / Des champs nouveaux à investir

Se tourner vers des domaines inédits peut se faire soit à travers une extension des « causes » dont se saisit une ONG déjà existante, soit par la création de nouvelles organisations, qui leur sont alors spécialement dédiées. Par ailleurs, les pays du Sud connaissent un processus de création continue d'ONG. Ce foisonnement ouvre sur des questionnements complexes.

Diversification des causes

• *La construction de la paix.* C'est un champ en pleine expansion [Marret, 2001]. Des ONG notoires comme le CCFD ou Oxfam y consacrent ainsi aujourd'hui des programmes *ad hoc*. Depuis une dizaine d'années sont aussi apparues des organisations qui se spécialisent dans la diplomatie non gouvernementale, les programmes de formation à la médiation, la méthodologie de l'approche non violente des conflits. Ou encore l'accompagnement postconflictuel, c'est-à-dire la gestion des sorties de crise avec le travail de médiation et de réconciliation entre parties antagonistes qu'elle nécessite. San Egidio, en Italie, ou l'International Crisis Group (ICG), en Grande-Bretagne, sont ici particulièrement en pointe. Ce type d'activités est particulièrement prisé dans les pays anglo-saxons, où il s'intègre à une thématique transversale qui y jouit d'une grande faveur : celle de la prévention des conflits. Elle donne lieu à des recherches universitaires, ou encore à la construction de modèles de gestion de crises, le tout largement subventionné soit par des fonds publics, soit par de grandes fondations privées américaines

(Ford, Carnegie). L'ONG Refugees International s'est ainsi spécialisée dans cette fonction préventive.

Il faut se garder cependant de penser que ces ONG se trouveraient sur ce terrain dans un rapport forcément antagonique avec les diplomaties étatiques. Au contraire, il leur arrive d'agir comme des « poissons pilotes » de ces dernières, afin d'accomplir un travail de défrichage lorsque, pour des motifs politiques (liés à l'état de tension entre les protagonistes directs), les diplomates de pays tiers souhaitant s'impliquer à terme dans la résolution du conflit ne s'estiment pas encore en mesure d'intervenir directement. Les exemples sont légion de médiations secrètes comme de réunions discrètes ou, au contraire, largement médiatisées de ce type (des rencontres interchypriotes [1] aux innombrables contacts israélo-palestiniens) organisées sous l'égide de ces ONG autour de personnalités jugées représentatives au sein de leurs sociétés, leurs communautés. Dans certains conflits, sur le continent africain plus spécialement, l'usage semble même se répandre de les faire participer aux rencontres diplomatiques officielles destinées à leur trouver une solution. San Egidio fut invitée par les autorités françaises à assister aux discussions inter-ivoiriennes de Marcoussis en 2003. Cette même organisation a à son actif direct la conclusion de l'accord ayant mis fin à la guerre civile au Mozambique en 1992.

Toutefois, cette implication directe d'ONG dans la dimension politique des conflits ne fait pas l'unanimité. Ainsi, en France, il n'existe toujours pas d'ONG *ad hoc* sur ce plan, en dépit (ou à cause justement) de sollicitations appuyées du pouvoir politique. D'autant que leur bilan reste contrasté. Bien des crises demeurent dans l'impasse, de Chypre au Proche-Orient, et le rôle que ces ONG sont finalement aptes à jouer dans leur solution paraît mineur. Tandis que dans d'autres, comme au Burundi, les acteurs politiques locaux sont passés maîtres dans l'instrumentalisation à leur profit respectif de ces intervenants extérieurs [Hara, 1997 ; Jean, 1998].

• *La protection des biens culturels*. Ce volet, investi plus récemment, connaît lui aussi un rapide essor. D'abord avec la

1. Rien qu'à Chypre (qui ne compte que 800 000 habitants), entre 1993 et 2000, elles ont rassemblé quatre mille participants (communication G. Bertrand à l'atelier « La diplomatie des États et des acteurs non étatiques : entre dynamiques de concurrence et de coopération », Congrès de Lille de l'AFSP, septembre 2002).

constitution d'ONG spécialisées comme Patrimoine sans frontières (créée en 1992), active dans les milieux artistiques, des archéologues ou des conservateurs de musée, et menant des programmes du Belarus au Cambodge. Souvent partenaires de l'Unesco (l'agence des Nations unies précisément dédiée à la culture), ces associations s'impliquent d'abord dans des actions de *lobbying*. Il peut ainsi s'agir d'obtenir l'inscription d'un site au catalogue du Patrimoine mondial afin de mieux le protéger. Elles s'efforcent encore de mobiliser les opinions et d'alerter les gouvernements, comme dans l'affaire de la destruction programmée par le pouvoir taliban des bouddhas de Bamyan, en Afghanistan, au printemps 2001. Elles commencent aussi à agir comme opérateurs, en vue de la restauration d'édifices culturels.

De leur côté, diverses ONG de développement s'attachent aujourd'hui à intégrer dans leurs programmes de terrain cette dimension de protection du patrimoine culturel, comme élément nécessaire d'un développement durable, en phase avec la culture des populations locales. La restauration, la préservation ou la remise en service d'équipements culturels ne sont plus désormais considérées comme négligeables. Au contraire, elles permettent à ces associations de mettre en avant un thème qui leur est cher, celui d'un développement non plus uniquement envisagé sous l'angle économique.

• *Le développement durable*. Précisément, le concept de *sustainable development* (traduit par « développement durable »), apparu au début des années 1980, et popularisé par le rapport de la Commission Brundtland (1988), fait florès auprès de nombreuses ONG, d'abord celles d'environnement, après le Sommet de Rio en 1992. Progressivement, à commencer par les quelques opérationnelles comme le WWF (sa branche américaine notamment), elles vont y recourir pour étoffer leurs programmes de terrain. À la dimension de conservation et de défense de la nature, elles ajouteront la protection ainsi que la valorisation de la biodiversité, la lutte contre la pauvreté, la santé ou l'éducation. Divers projets en Afrique équatoriale ou à Madagascar en porteront la marque [Sarrasin, 2002].

Mais, à la fin de la décennie, le développement durable est devenu aussi partie intégrante des thématiques véhiculées par des ONG de développement. Notamment parce que son élargissement aux champs économique puis social leur paraît offrir un outil utile de construction d'une alternative à la « mondialisation libérale ».

• *La lutte contre la corruption.* L'irruption d'ONG dans ce domaine témoigne de la faiblesse des argumentations qui voudraient les écarter radicalement du champ politique. La question de la corruption touche directement au cœur des États. Quoi de plus politique, en effet, que le degré de vénalité des élites dirigeantes de tel ou tel pays ? Bien que des OI aient donné l'élan initial (l'OCDE particulièrement), l'apport des ONG a justement été de poser le problème de la gouvernance en des termes qui ne soient pas seulement économiques mais sociétaux, de promotion des droits, de morale publique…

L'organisation emblématique ici est Transparency International, créée aux États-Unis en 1993. Elle compte maintenant des sections dans plusieurs dizaines de pays. Son « Rapport sur la corruption à l'échelle mondiale », publié annuellement, est devenu une référence incontournable pour les médias, et est redouté par un nombre croissant de décideurs du Nord comme du sud de la planète. D'autant plus qu'il met en avant un « indice de perception de la corruption » (IPC) : les pays sont classés sur une échelle de 1 (très corrompu) à 10 (grande probité). Publié pour la première fois en 1995 dans une quasi-indifférence, son audience ne cesse de s'étendre au fil des ans. Même si Transparency est contestée par certains [Abramovici, 2000], son influence dans la sophistication progressive des dispositifs nationaux et internationaux de lutte contre la corruption est évidente. L'ONG britannique Global Witness s'est axée, elle, sur les redevances versées par les compagnies pétrolières et minières aux dirigeants politiques du Sud. Elle réclame leur publication, y compris pour les versements occultes (campagne « Publiez ce que vous payez »).

• *Le sida.* À compter de la découverte du VIH au début de la décennie 1980, la place des ONG dans la lutte contre l'épidémie a été essentielle. Dans un premier temps, leur action s'est organisée sur le double registre du dévoilement du fléau et de la dénonciation de l'inertie des États et des OI. La volonté d'engagement aux côtés des malades a aussi été fortement affirmée, avec la réalisation d'importants programmes de formation, de prévention et d'accompagnement [Raguin et Marty-Lavauzelle, 2002]. Certaines organisations sont « nées » du sida, comme Aides ou Act Up ; d'autres (MDM par exemple) l'ont intégré dans les programmes qu'elles menaient déjà auparavant auprès de publics en difficulté (exclus, toxicomanes, prostituées…).

Les ONG du Sud

La problématique les concernant se révèle d'une rare complexité. Dans un pays africain comme le Bénin, par exemple, on estime leur nombre à dix mille. Elles sont essentiellement constituées d'ONG locales. Dans les zones urbaines, leurs activités se déploient de la formation au microcrédit, en passant par l'implantation et la gestion d'équipements collectifs de quartiers. Mais des salons de coiffure, des taxis-motos, voire des commerces sont également exploités sous couvert d'ONG !

En milieu rural, Richard Banégas insiste sur le lien entre l'explosion des « associations locales de développement » (ALD) et le retour à un régime démocratique à partir du début de la décennie 1990 [2003]. Reprenant une typologie élaborée par Bierschenk, Chauveau et Olivier de Sardan [2000], il souligne le rôle fondamental de courtier local du développement que jouent ces ONG, ainsi que les possibilités nouvelles qu'elles offrent à leurs membres « de chevauchement [...] aux confins de l'économique et du politique, du rural et de l'urbain, du local et de l'international » (*ibid.*, p. 267).

L'appréhension de ces organisations par la méthode du faisceau de caractéristiques nous semble, ici aussi, applicable. Cela afin de distinguer celles remplissant des fonctions purement locales de celles qui, de par leurs liens avec l'international (qu'il s'agisse d'une véritable projection ou simplement d'une articulation avec, par exemple, une ONG du Nord), peuvent être considérées comme de réelles ONG. Jusqu'à la fin des années 1980, la situation était plus simple : n'étaient considérées comme « ONG du Sud », par les opérateurs, les bailleurs et les OI, que celles alors dénommées « ONG d'appui ». C'est-à-dire des organisations intermédiaires en relation avec une ONG ou un bailleur de fonds du Nord, et elles-mêmes articulées avec une myriade de groupements ou d'associations locales. Mais ces dernières, en revendiquant et obtenant à leur tour massivement l'appellation ONG, ont considérablement brouillé le paysage [CIEDEL, 1993]. Il reste qu'ont également émergé au Sud des organisations qui, sans conteste, sont des ONG et dont certaines ont même acquis une dimension majeure. C'est le cas d'ENDA, créée en 1972 et dont le siège est à Dakar, de Third World Network en Malaisie, fondée en 1984, ou d'IBASE au Brésil [Grzybowski, 1993]. Les ONG brésiliennes jouissent d'ailleurs d'une notoriété importante tant au plan international qu'au sein de leur société où leur influence est notable [de Souza, 1993 ; Lena, 2002].

Si le développement a longtemps été le domaine d'élection, l'environnement devient progressivement, au Sud aussi, un thème de prédilection. Par exemple en Afrique, avec Zimtrust ou Africa Ressource Trust. Pareillement, de plus en plus nombreuses sont les ONG de défense des droits de l'homme, souvent très pugnaces.

Le paysage s'est encore compliqué depuis les années 1990 avec l'apparition des ONG dites « islamiques ». Celles-ci, tout en s'affirmant ONG du Sud, tendent à reproduire, au moins partiellement, le schéma des ONG du Nord. On trouve parmi elles aussi bien des ONG humanitaires que de développement : International Islamic Relief Organization (IIRO), Islamic African Relief Agency (IARA), Islamic Relief... Comme pour brouiller encore les pistes, certaines sont nées aux confins de la politique, du caritatif et du religieux, sous l'influence des grands mouvements islamistes contemporains (Frères musulmans, wahhabisme...) [Ghandour, 2002]. Elles ont prospéré grâce à leur maîtrise des circuits de financement dans le monde musulman. Quelques-unes ont aussi servi de camouflage à des mouvements politiques, voire des organisations terroristes, à commencer par Al-Quaeda [Ghandour, 2002 ; SCPC, 2003]. Dans plusieurs pays (le Soudan en est une illustration caractéristique), ces ONG adoptent en outre une posture de concurrence, voire d'opposition frontale aux ONG « occidentales », qu'elles cherchent à éliminer de « leur » territoire [Ghandour, 2002]. D'autres auteurs prônent cependant une approche plus nuancée [Bellion-Jourdan, 2002a et b].

Au titre des principaux problèmes que rencontrent les ONG du Sud figure celui de leur autonomisation vis-à-vis des divers pouvoirs locaux, aussi bien que des ONG ou des bailleurs de fonds du Nord. Or, la question du financement est cruciale pour la grande majorité d'entre elles. Si, dans quelques pays, tels l'Inde, le Brésil, l'Afrique du Sud, certaines parviennent à lever des contributions privées auprès de donateurs locaux (riches entrepreneurs, propriétaires terriens, commerçants, professions libérales, classes moyennes émergentes, entreprises), la plupart du temps elles demeurent très dépendantes des fonds internationaux publics ou privés.

À partir de 1996, les progrès thérapeutiques apportés par les traitements antirétroviraux ont conduit à un changement d'échelle. Le combat se concentre désormais sur l'égalité d'accès à ces traitements, c'est-à-dire hors considération de coût financier, pour tous les malades, particulièrement ceux du Sud [Thiaudière, 2002a et b]. Oxfam et MSF vont alors s'y trouver en pointe, menant de front, particulièrement pour la seconde, activités opérationnelles et campagnes internationales, afin d'aboutir à une baisse drastique des prix et à la liberté d'importation des génériques.

Multiples terrains

Faire la liste exhaustive des domaines d'activité des ONG, on l'a compris, relève dorénavant de l'« inventaire à la Prévert ». Pourraient ainsi être cités la microfinance, le commerce équitable, bien d'autres encore... L'activisme, déjà signalé, se manifeste également ici presque en permanence, de la prise en compte de la souffrance des malades de pays du Sud où les protocoles en usage au Nord sont quasi inexistants, avec Douleurs sans frontières (DSF), à la lutte contre le trafic d'êtres humains, avec Stop Trafficking of People (STOP) (*Le Monde* des 2 et 17 août 2003), en passant par le capital-risque philanthropique à visée sociale avec Ashoka (*Le Monde* du 23 janvier 2004).

VI / De la diversification des financements à une concurrence accrue

L'idée que les ONG seraient essentiellement financées grâce à des fonds gouvernementaux du pays du siège demande, on l'a dit, à être sérieusement relativisée, quel que soit le secteur concerné. La réalité est bien plus complexe. Les financements multilatéraux (c'est-à-dire provenant d'OI ou de l'UE) sont, au contraire, devenus une source prépondérante dans le secteur développement, humanitaire et droits de l'homme.

Toutefois, cette situation aboutit à la constitution d'un « marché de la solidarité » privé et public, qui exacerbe les phénomènes de concurrence. D'autant que, dans presque tous les pays du Nord où existe un fort mouvement ONG, en moyenne les 20 % les plus importantes concentrent entre 80 % et 90 % des ressources totales [Woods, 2000 ; CCD, 2003], et que certaines organisations sont devenues des acteurs économiques de poids.

Argent public

Fonds publics nationaux

En fonction des traditions nationales, des modes locaux de construction du mouvement ONG, du rapport à l'État, des stratégies politiques, du mandat ou de la taille de l'association, la part d'argent public attribuée va varier considérablement. Aucune loi d'ensemble, même par domaine, ne peut être véritablement dégagée.

En France, le champ du développement et de l'humanitaire (ainsi, mais accessoirement, que des droits de l'homme et de l'environnement) présente l'intérêt majeur d'être le seul à fournir là aussi des données chiffrées relativement fiables et sur la durée. Or, l'ensemble des ONG du secteur n'y a disposé en 2001 (dernière année connue [1]) que de 60,16 millions d'euros de financements d'origine nationale, c'est-à-dire dont le versement est assuré par l'un des services de l'État. Les fonds provenant des collectivités territoriales ont représenté 6,9 millions d'euros. Le montant net des donations publiques nationales reçues par cette catégorie d'ONG représente ainsi une part relativement faible. En pourcentage du total de leurs ressources publiques, il s'établit pour l'État à seulement 22,1 % en financements directs, auxquels s'ajoutent 7,2 % à titre de prestations de services. Pour ceux d'origine territoriale, il plafonne à 2,5 % [CCD, 2003].

Il faut aussi prendre garde au fait que les financements des États ne sont plus automatiquement dévolus aujourd'hui aux seules ONG « nationales ». Ainsi, toujours à propos des associations françaises, plusieurs d'entre elles (MSF, MDM, ACF, HI, PU...) bénéficient régulièrement de subsides alloués par des gouvernements étrangers, de l'USAID à la Coopération suisse, en passant par la Coopération allemande, le gouvernement australien... Le total des sommes en cause a atteint 32,87 millions d'euros en 2001, soit 18 % des financements internationaux [CCD, 2003], et a concerné une vingtaine d'ONG (ces donations sont classées par la CCD dans cette rubrique, au même titre que celles provenant de l'UE ou d'OI ci-après évoquées). Les stratégies propres à chacune pèsent aussi, bien entendu, dans la proportion prise par l'argent d'origine étatique dans ses ressources. Certaines vont ainsi, par principe, refuser toute proposition et s'interdire toute sollicitation à cet égard. Telle MSF-F qui refuse quelque financement d'autorités publiques françaises que ce soit, mais en accepte (en pourcentage limité) de bailleurs étrangers. Le CCFD limite à 10 % environ sa part de fonds publics, essentiellement fournis par les collectivités territoriales. AI décline (au niveau de son secrétariat international comme de

1. L'enquête à laquelle il va être ici fait référence est régulièrement menée tous les deux ans depuis 1986 par la Commission Coopération Développement. Pour 2000-2001, elle a porté sur 157 associations, soit la quasi-totalité des ONG disposant d'un minimum d'envergure et de notoriété nationales. Les budgets concernés s'étagent en huit tranches, de la première pour les organisations disposant de ressources supérieures à 50 millions d'euros, à la huitième et dernière concernant celles inférieures à 40 000 euros.

ses sections) tout argent public quelle qu'en soit l'origine. Greenpeace adopte la même position.

Financements internationaux

Dans l'ensemble des ressources publiques, toujours pour le secteur développement/humanitaire, ce sont dès lors les subventions d'origine internationale qui se taillent dorénavant la part du lion. Elles sont ainsi passées en dix ans (de 1991 à 2001), pour les organisations françaises, de 56 % à 68,2 % du total, soit un montant global la dernière année de référence de 186,12 millions d'euros. Elles proviennent pour l'essentiel de l'UE, qui représente à elle seule, en 2001 encore, 45,3 % du total des financements publics et 66 % de ceux de provenance internationale. Le solde est fourni par des agences des Nations unies, la Banque mondiale... [CCD, 2003]. La répartition au sein des bailleurs européens voit ECHO largement prédominer, avec 54 % de l'ensemble européen. Mais sa contribution est tendanciellement en baisse, alors que d'autres lignes budgétaires de la Commission européenne, particulièrement celle de la Direction des relations extérieures, progressent fortement. Le modèle du bailleur quasi unique, qui conduisit à la disparition de l'ONG Équilibre en 1998 [Deprost, 2003], est par conséquent l'exception.

Il reste que le total des ressources publiques nationales, européennes et internationales confondues des ONG françaises du secteur s'établit, en 2001 toujours, à 38 % (soit 272,76 millions d'euros) de l'ensemble de leurs moyens financiers. La part publique n'est ainsi pas prééminente au regard des financements privés.

Là encore, les positionnements stratégiques internes à chaque ONG interfèrent. Le degré de fluctuation est tel, d'ailleurs, qu'il peut ne pas y avoir identité de vues à ce propos entre associations très proches, membres d'un même mouvement international et donc supposées unies par des valeurs communes. C'est le cas au sein de MSF, qui compte aujourd'hui dix-huit sections dont cinq dites « opérationnelles ». Or, si la section française (l'une des trois plus importantes) autolimite volontairement ses financements internationaux pour les maintenir à un bas taux, il n'en va pas de même des deux autres, la belge et la néerlandaise. Toutes deux affichent au contraire, certaines années, un ratio largement majoritaire d'argent public, où les fonds européens priment.

Fonds privés

Sur un potentiel financier total (privé et public) de ces mêmes ONG de 712,68 millions d'euros en 2001, les ressources privées sont par conséquent majoritaires avec 439,92 millions d'euros, soit 62 %. Dans le détail, la générosité du public (collecte de fonds, legs et produits divers) assure 71,5 % des fonds privés (314,34 millions d'euros). Le *ratio* public/privé est d'ailleurs relativement stable, puisqu'il s'établissait en 1991 à 35/65, avant d'atteindre un maximum de 44/56 en 1994, 1996 et 1997, pour revenir donc à 38/62 en 2001 [CCD, 2003].

Il demeure néanmoins évidemment contrasté suivant les ONG, certaines bénéficiant de plus de ressources privées que d'autres, comme le montre l'examen de quelques comptes annuels.

À titre de comparaison, pour l'année fiscale américaine 2000 (d'avril à avril), Care-USA affichait un total de ressources de 446 273 000 dollars. Les fonds alloués par le gouvernement américain représentaient 310 250 000 dollars, les fonds privés (constitués de contributions de particuliers et d'entreprises) seulement 130 137 000 dollars. Pour CRS, le total des ressources s'élevait à 382 865 000 dollars au sein desquels les dons privés ne représentaient que 109 324 000 dollars, les fonds gouvernementaux avoisinant 225 000 000 dollars. World Vision, autre ONG majeure, présente, en revanche, une prédominance marquée des fonds privés puisque, sur un total de 462 100 000 dollars, ils atteignent 216 489 000 dollars, les financements du gouvernement plafonnant à 90 174 000 dollars [InterAction, 2002].

Si, dans le secteur droits de l'homme, le *ratio* pour AI est de 100 % de fonds privés, là aussi la variété règne et de toute façon le volume des ressources est moindre. Ce type d'ONG n'a pas en charge des programmes opérationnels, souvent lourds, avec les coûts induits qui en découlent. Le budget de la FIDH s'établit ainsi en 2002 à 1,7 million d'euros, soit un rapport de presque 1 à 10 avec les ressources de la seule section française d'AI. Laquelle pour son secrétariat international budgétait, la même année, 34,63 millions d'euros.

Ressources de quelques ONG

MSF-France 2002 *Répartition* *des ressources combinées*		
Nature des ressources	*Millions d'euros*	*%*
Dons privés	31,3	32
Autres privés	36,1	38
Issues de la mission sociale	15,1	16
Ressources institutionnelles	10,4	11
Autres ressources[a]	3,3	3
Le total des ressources s'est élevé à 96,2 millions d'euros.		

ACF-France 2002 *Répartition des ressources*	
Nature des ressources	*%*
ECHO	29,3
Fonds privés	24,8
Divers bailleurs	13,4
USAID	9,9
Autres UE	7,1
Nations unies	5,7
Gouvernement français	2,8
Divers produits missions	2,4
Divers produits siège	1,2
Insuffisance	3,4
Le total des ressources s'est élevé à 41,75 millions d'euros.	

MDM-France 2002 *Analyse des ressources*	
Nature des ressources	*%*
Dons	56
Subventions publiques	31
Autres	11
Subventions privées	2
Le total des ressources s'est élevé à 44,38 millions d'euros.	

Amnesty International-section française *Ressources de l'exercice 2001-2002*	
Nature des ressources	*%*
Dons (non affectés)	59
Autres ventes de produits	13
Cotisations	10
Abonnements	6
Reprise sur provisions	6
Legs (non affectés)	3
Ressources diverses[b]	3
Le total des ressources s'est élevé à 12,52 millions d'euros.	

CCFD 2002
Le total des ressources s'élève à 34,86 millions d'euros, alimentées à hauteur de 79,2 % par les fonds privés.

a. Y compris solde consommation/constitution RANU (ressources affectées non utilisées).

b. Mécénat et parrainage, manifestations, subvention régionale, produits financiers, autres ressources.

Sources : MSF-F, *Rapport financier 2002*, p. 3, 11, 13 et 35. — MDM-F, *Rapport financier 2002*, p. 9 (reconstitution à partir des données chiffrées). — ACF-F, *Interventions*, n° 72, 3e trimestre 2003. — AISF, *Rapport financier 2001/2002*, supplément à *La Chronique*, n° 199, juin 2003, p. 2, 3 et 4, et rectificatif, n° 200, juillet 2003. — CCFD, *La Lettre*, n° 14, juillet 2003, supplément « Faits et chiffres clés ».

Certaines ONG environnementales affichent aussi des budgets bien fournis. Ainsi, les 2,8 millions de membres de Greenpeace sont aussi largement donateurs, puisque son budget 2001 (cumul du secrétariat international et de l'ensemble des sections) était de 158 millions d'euros. Mais 50 % de ce total est fourni par les seuls contributeurs des Pays-Bas et d'Allemagne. Aux États-Unis, Sierra Club disposait en 2000 d'un total de ressources de 72 432 millions de dollars, exclusivement composés de fonds privés.

Des opérateurs économiques devenus conséquents

Qualifier les ONG d'« opérateurs économiques » scandalise encore souvent. Pourtant, comment dénommer autrement des entités qui gèrent, pour certaines, des masses salariales substantielles et assurent donc les revenus professionnels de plusieurs dizaines de milliers de personnes, et par extension de leurs familles, au Nord comme au Sud ? Ou qui y effectuent annuellement des dépenses de l'ordre de dizaines voire de centaines de millions d'euros, avec ce que cela sous-tend en flux financiers ? Certes, le monde des ONG se revendique comme appartenant au tiers secteur et non à l'univers marchand, mais cela ne doit pas interdire d'essayer d'évaluer un tant soit peu son poids économique.

Dépenses

En termes de dépenses annuelles, la comparaison des chiffres fait apparaître une affectation essentiellement dévolue à la mission dite « sociale » des ONG de l'échantillon, avec des taux assez proches.

Les différenciations entre ONG (non seulement entre catégories, mais à l'intérieur même de celles-ci), si elles existent, sont donc finalement moins marquées qu'on ne pourrait le supposer. Pour la famille développement et humanitaire *stricto sensu*, il est globalement estimé que les ONG tricolores consacrent, en moyenne générale, 69 % de leurs dépenses à la mise en œuvre des projets, dont deux tiers aux actions de terrain et 7 % à leur activité en France. Le taux cumulé courant des dépenses de fonctionnement du siège avec le support des opérations est de 16 %, celui des frais de collecte de 8 %. Enfin, la part allant au financement des expatriés sur le terrain représente en

EMPLOIS DES FONDS DE QUELQUES ONG

MSF-France 2002			*ACF-France 2002*	
Répartition (emplois combinés utilisés)	*Millions d'euros*	*%*	*Répartition*	*%*
Missions internationales	49,5	53	Missions sociales	78,4
Autres activités	12,5	13	Collecte de fonds	13
Support missions	11,6	13	Frais de fonctionnement	7,6
Recherche de fonds	6,3	7	Information et communication	0,9
Fonctionnement structure	4,1	4	Charges exceptionnelles	0,1
Sensibilisation	3,1	3		
Missions conjointes	2,8	3		
Mission solidarité France	2,2	2		
Part autres secteurs	1,6	2		
Mission sociale 83,3 M € = 89 % Le total des dépenses s'élève à 93,7 millions d'euros.			Le total des dépenses s'élève à 41,75 millions d'euros.	

MDM-France 2002		*AISF 2001-2002*	
Répartition	*%*	*Répartition*	*%*
Missions sociales	63	Mission sociale	58,9
Frais d'appel à la générosité du public	22	Achats pour revente	12,9
Frais de fonctionnement du siège	12	Frais d'appel à la générosité	8,2
Communication	2	Frais de gestion	7,3
Frais de recherche de mécénat	1	Autres provisions et charges exceptionnelles	4,1
		Frais d'information et de communication	1,6
		Frais de traitement des dons	1,4
		Dotations aux amortissements	0,9
		Autres frais	0,8
		Excédent de l'exercice	3,9
Le total des dépenses s'élève à 41,56 millions d'euros.		Le total des dépenses s'élève à 12,03 millions d'euros.	

CCFD 2002
Le total des dépenses s'élève à 33,18 millions d'euros. Les frais de fonctionnement représentent 8,5 %.

Sources : MSF-F, *Rapport financier 2002*, *op. cit.*, p. 3, 4 et 32. — MDM-F, *Rapport financier 2002*, *op. cit.*, p. 14 (reconstitution à partir des données chiffrées). — ACF-F, *Interventions*, n° 72, 3e trimestre 2003. — AISF, *Rapport financier 2001/2002*, supplément à *La Chronique*, n° 199, juin 2003, p. 2, 3 et 4. — CCFD, *La Lettre*, n° 14, juillet 2003, supplément « Faits et chiffres clés ».

moyenne 12 % des dépenses liées à celui-ci [Commissariat général du Plan, 2002]. Si l'on rapproche ces chiffres de ceux des quatre ONG américaines précédemment évoquées, on aboutit à un total de dépenses pour Care de 448 269 000 dollars, correspondant à hauteur de 409 289 000 dollars aux programmes ; pour CRS, de 371 551 000 dollars, dont 340 505 000 pour les programmes ; pour World Vision, de 469 100 000 dollars, dont 390 400 000 dollars pour les programmes [InterAction, 2002]. Sierra Club a, elle, dépensé, en 2000, 61 424 929 dollars.

Greenpeace quant à elle, sous certains aspects, n'est pas sans évoquer une (petite) entreprise multinationale. Elle compte ainsi quarante et un bureaux dans le monde, dispose d'une flotte de quatre gros navires et emploie 1 400 salariés, épaulés par 10 000 volontaires. L'ONG s'est engagée dans un programme volontariste de développement de ses structures au Sud et compte déjà 200 salariés en Asie et 100 en Amérique latine.

Dans des pays du Sud où le chômage est très souvent massif, certaines ONG du Nord et quelques-unes du Sud génèrent précisément un nombre significatif d'emplois. En 2002, la seule MDM-F salariait plus d'un millier d'employés locaux dans les cinquante-quatre pays où elle était présente.

Poids économique croissant

Pareillement, un nombre appréciable d'ONG (du Nord surtout) sont pourvoyeuses de rentrées fiscales, souvent significatives, pour les budgets locaux, à travers les droits de douane, la TVA, sans compter les divers modes de taxation illicite auxquels les assujettissent seigneurs de la guerre, milices, etc. Elles disposent également d'une capacité de location ou d'acquisition sur place de types variés de biens, marchandises et matériels, du transport aux matériaux de construction, de l'immobilier aux conduites, des médicaments à l'alimentaire.

Avec comme conséquence, en zone de conflits, de devenir progressivement, surtout lorsqu'elles conduisent de gros programmes, un enjeu économique, voire militaire, pour les belligérants. Un cas emblématique se produisit lors du sac de Monrovia (Liberia) en 1996 : les troupes de Charles Taylor volèrent plusieurs centaines de véhicules et d'ordinateurs, et dévalisèrent les stocks de nourriture, médicaments, marchandises,

ONG espagnoles, italiennes et allemandes

Les ONG espagnoles

La sortie du franquisme et l'avènement de la démocratie en même temps que l'adhésion au Marché commun sont les facteurs déterminants de la naissance des ONG espagnoles dans les années 1980, même s'il existait déjà une Croix-Rouge et une Caritas ibériques. Dans le secteur développement et humanitaire, les trois principales sont la catholique Manos Unidas, suivie des branches de deux mouvements internationaux, MSF-E et Oxfam (qui porte ici le nom d'Intermon). On note une tendance forte à la consolidation et au renforcement des principales organisations. En 2000, 57 % des ressources totales des cent trois ONG regroupées dans la Coordinadora de ONGD para el desarollo (CONGD) étaient publiques et 43 % privées. Toutefois, les fonds publics nationaux proviennent majoritairement non de l'État, mais des communautés autonomes (Catalogne, Galice...). En 1999, ces mêmes ONG avaient envoyé sur le terrain 1 500 expatriés, dont 54 % étaient salariés. L'Amérique latine concentre 60 % des programmes.

Les ONG italiennes

La mise en place progressive par les gouvernements successifs d'une politique de coopération dans les années 1970 et 1980 va favoriser l'émergence de nombreuses ONG. Caritas-Italie reste la principale, suivie par la FOCSIV qui, en réalité, est une fédération de diverses organisations chrétiennes. Elle joue également, à l'intérieur de la mouvance catholique, un rôle de coordination. Un autre regroupement, la COCIS, se veut résolument laïque. Enfin un troisième, la CIPSI, cherche à dépasser ce clivage en mettant en avant la solidarité internationale. Le paysage italien reste néanmoins marqué par une forte atomisation, et une nette faiblesse des capacités des ONG.

Les fonds publics représenteraient environ 30 % des ressources et les financements privés, 70 %. Mais ces données sont assez peu fiables. L'Afrique subsaharienne et l'Amérique latine concentrent la majorité des programmes.

Les ONG allemandes

Plus anciennes, elles sont, pour le secteur développement, concomitantes du lancement des grands programmes publics de coopération au début des années 1960. Environ deux cents ONG ont une taille et des projets significatifs. Sur les trois premières, deux sont confessionnelles, Misereor (catholique) et Brot für die Welt (protestante). Leurs ressources sont essentiellement privées, mais proviennent surtout du système de l'« impôt d'Église » que doit obligatoirement acquitter tout contribuable qui se déclare rattaché à une confession religieuse. Une autre grande organisation (non confessionnelle) est Deutsche Welthungerhilfe. Cap Anamur qui se réclame du « sans-frontiérisme » est médiatiquement renommée, mais dispose de capacités limitées. Une coordination principale, VENRO, regroupe une centaine d'ONG. Le *ratio* global public/privé tourne autour de 40/60. L'Amérique latine, l'Afrique et les États successeurs de l'ex-URSS concentrent une large majorité des programmes. Une particularité de la situation allemande réside dans l'existence de fondations de partis politiques disposant de puissants moyens et menant à l'international des projets de développement, humanitaires, de promotion des droits de l'homme… Les deux plus importantes sont la Friedrich Ebert Stiftung (émanation du parti social-démocrate, le SPD) et la Konrad Adenauer Stiftung (pour le parti chrétien-démocrate, la CDU). Leur rattachement à la catégorie ONG (bien que souvent effectué) reste, de par cette spécificité, pour le moins discutable.

---

appartenant aux diverses ONG qui y avaient installé leurs bases arrière. La valeur de ce pillage (incluant les prédations subies aussi par les agences des Nations unies) fut estimée à 8 millions de dollars…

En outre, certaines ONG, qui jouissent aujourd'hui d'une véritable dimension transnationale (à travers un réseau d'« ONG-sœurs » ou de « branches », constitutives ainsi d'un « groupe »), disposent de capacités de dépenses considérables, bien que largement sous-estimées. Divers calculs effectués à partir de la compilation d'états financiers, et corroborés par Smillie (qui arrive à des résultats équivalents) [2002, p. 61], donnent pour l'année 2000 approximativement en dollars, pour le « groupe World Vision », un pouvoir de dépense de 900 millions ; pour le « groupe Care », 600 millions ; pour le « groupe Oxfam », 500 millions ; pour le « groupe SCF », 365 millions. Pour le « groupe MSF », le calcul se révèle plus compliqué, mais OI comme gouvernements le créditent d'être la première agence privée mondiale d'aide médicale.

La modestie des moyens souvent accolée aux interventions des ONG [Rist, 2001] mérite donc elle aussi d'être nuancée, au moins pour partie. Les estimations du Comité d'aide au développement (CAD) de l'OCDE le confirment d'ailleurs. Le CAD s'est intéressé au niveau des flux financiers assurés par les ONG des États membres (c'est-à-dire presque tous les pays du Nord donateurs d'aide) dans les domaines développement et humanitaire. Il chiffre le total de leurs transferts (tous types de contributions confondus, mais avec réserve, les données dont il dispose étant incomplètes) du Nord vers le Sud à 12-13 milliards de dollars annuellement, en ce début de XXIe siècle (« DAC data on aid to, through and by NGOs », Note de la Division des statistiques de l'OCDE, service Développement et Coopération, Paris, 2003).

En termes d'effectifs, l'enquête de la CCD sur les financements fournit également pour la France d'utiles données. Elle recense dans l'Hexagone, en 2001 toujours, 1 967 salariés à temps plein, 294 objecteurs ou emplois jeunes, et près de 90 000 bénévoles à temps plein [CCD, 2003]. L'évaluation du nombre d'expatriés sur le terrain (tous statuts confondus) s'établit à 3 127 femmes et hommes, soit un nombre supérieur à celui du personnel relevant de l'« assistance technique », autrement dit de la coopération publique, généralement estimé à 2 000 personnes. Enfin, le personnel local employé par ces mêmes ONG avoisine les 20 000.

Pour ce qui concerne quatre des ONG de l'échantillon, ACF-F compte au siège, en 2002, un effectif d'une centaine de personnes, dont 77 salariés. Sur le terrain, l'effectif est de 220 expatriés et 2 850 employés locaux. À MSF-F, la même année, le siège emploie 132 personnes, le nombre moyen d'expatriés s'élevant à 443, celui du personnel local à 3 890. Pour MDM-F, l'effectif salarié total, siège et terrain, est de 267 personnes. Au CCFD, il est de 170 personnes, dont 110 au siège. En revanche, il n'y a aucun expatrié.

Mythes et réalités de la concurrence inter-ONG

Fréquents sont les clichés véhiculant alternativement soit une image idéalisée, gommant les différences existant entre les associations concernées, soit un tableau noirci à l'extrême d'organisations défendant avec âpreté et cynisme leurs « victimes » ou leurs « pauvres ». Les sympathisants associatifs les reprennent parfois à leur compte. Si on voit ainsi souvent donateurs, ministres et journalistes confondre allégrement MSF et MDM, AI et FIDH, les mêmes, relayés par des essayistes férus de généralisation [Messica, 1989], usent volontiers du registre de la déploration pour s'affliger que les « ONG » ne tissent pas entre elles des relations quasi idylliques faites d'accords mutuels, de partenariats, de complémentarités…

Bien évidemment, dans la réalité quotidienne des acteurs sociaux qu'elles sont aussi, il n'y a aucune raison qu'il en soit ainsi. D'abord, elles n'échappent pas aux phénomènes de pouvoir, de patriotisme d'organisation, de luttes d'influence, de processus oligarchiques [Badie, 2002]. Ensuite, la vitalité associative, avec sa caractéristique de réunion de groupes d'individus (forts de leurs trajectoires personnelles) autour d'une idée, d'un projet, fait que, bien légitimement, elles ne partagent pas systématiquement la même approche face à un défi commun. Enfin, les domaines de compétence, même diversifiés, peuvent se chevaucher.

La nécessité pour nombre d'ONG de préserver leur accès aux sources de financement, privées ou publiques, exacerbe aussi la concurrence. La naissance permanente de nouvelles organisations fait qu'en cette matière aucune stabilité n'est jamais acquise pour leurs responsables. D'où la tentation, sinon parfois la nécessité, de préserver de quasi-« parts de marché », afin de pouvoir poursuivre des actions relevant du mandat, voire d'élargir celui-ci. Pareillement, les ambiguïtés de la relation aux médias comme les contraintes de la communication dans le « village global » leur imposent de privilégier leur singularité, de mettre en avant ce qui les différencie des autres, plutôt que ce qui les en rapproche. Autrement dit, de « sélectionner et mettre en avant leurs avantages comparatifs » [Brunel, 2001b, p. 102].

L'élargissement des secteurs touchés par l'action non gouvernementale, la réponse par une croissance interne à l'amplitude et à la globalisation des situations auxquelles s'affrontent certaines associations en amènent plus d'une aussi à s'efforcer de passer à un niveau supérieur d'efficacité opérationnelle. L'axe généralement privilégié est alors celui d'un accroissement des moyens matériels et humains. Souvent, il est couplé avec une diversification accrue à l'international, passant par la création de sections hors du pays d'origine ou l'ouverture de bureaux de représentation, chargés de monter des opérations combinées, de réaliser des économies d'échelle, de drainer des fonds [Ryfman, 2001]. D'où une résonance sur d'autres ONG, voisines jusqu'alors par la taille ou les programmes, et la production d'effets mimétiques, afin de demeurer dans le jeu [Siméant, 2003].

Cette compétition peut incontestablement aboutir à des situations caricaturales, particulièrement sur le « marché caritatif et victimaire » [Nicolas, 1992/1993]. Ainsi, fin 1999, quelques mois après la fin de la guerre du Kosovo, près de quatre cents ONGI se pressaient sur un territoire à peine équivalent à deux départements français... Mais, pour rude qu'elle soit en certaines circonstances, la concurrence peut aussi être appréciée différemment, c'est-à-dire regardée d'abord comme témoin positif de la vitalité d'un milieu en constante effervescence, et dont l'inventivité ne se dément guère. Ensuite, les mécanismes d'autolimitation internes comme externes, destinés à la réguler, ne sont pas inexistants. La forte empreinte d'une culture de l'engagement, les proximités de mandat, l'absence de but lucratif rendent encore assez abusive (sans qu'il soit nécessaire de verser dans l'irénisme) l'assimilation des milieux ONG à une jungle où tous les coups seraient permis. La circulation des personnels entre les différentes structures (même si elle est difficile à quantifier en l'absence de statistiques *ad hoc*) relativise aussi les oppositions.

Dès lors, on verra des associations de solidarité décider (même au prix de douloureux débats internes) de ne pas intervenir ou de se retirer de tel ou tel pays en situation de postconflit ou de catastrophe naturelle, parce qu'elles estiment, après une évaluation préalable, que les moyens déployés par d'autres acteurs (gouvernementaux ou non) pour pourvoir aux besoins identifiés sont suffisants, et qu'elles n'y ajouteraient guère. Ou que ces derniers requièrent « une compétence et une expérience qui ne s'improvisent pas » et qui excèdent les leurs [Comte, 2001]. Autrement dit, s'efforcer de résister aux sirènes de la visibilité à tout prix sur les crises médiatisées n'a rien de si exceptionnel.

Par ailleurs, la structuration progressive des milieux ONG a amené à la constitution graduelle d'espaces de regroupement et de coordination, ainsi que de réseaux aux niveaux tant national que sous-régional, voire transnational. En France, il s'agit de Coordination SUD, en Grande-Bretagne de Bond, aux États-Unis d'InterAction, au Brésil d'ABONG. À l'échelon européen fonctionnent Concord, Voice. Ces acteurs collectifs facilitent les échanges, resserrent les liens, contribuent à réduire les fractures, élaborent (le cas échéant) des codes de conduite, diffusent des conseils d'éthique, favorisent les réflexions et, parfois, des approches opérationnelles communes... Même s'il ne faut pas survaloriser leur poids, ils remplissent, en renforçant l'identité collective des « communautés d'ONG », des fonctions de représentation et de régulation du milieu, alliées à celles de défense d'intérêts spécifiques, moraux et matériels. Enfin, pour les associations opérationnelles, les rapprochements relevant soit de décisions des sièges, soit directement d'initiatives d'équipes locales ne sont pas rares sur les lieux d'intervention, même s'ils ne sont guère publicisés.

VII / De la sociologie à la gestion : de vastes champs pour la recherche

Dans l'univers académique, la recherche sur le domaine non gouvernemental à projection internationale est demeurée, presque jusqu'à la fin du XXe siècle, l'apanage quasi exclusif de juristes et de chercheurs en relations internationales. Les premiers s'efforçant, on l'a vu, de faire entrer les ONG dans une catégorie juridique déterminée, tandis que les seconds s'attachent à identifier et à préciser leur éventuel rôle spécifique au sein de la catégorie des « nouveaux acteurs » de la vie internationale. Les études sont plus clairsemées ailleurs.

D'autant qu'une partie de la littérature scientifique a privilégié une posture dénonciatrice faisant de certaines ONG (les humanitaires particulièrement) des fourriers du capitalisme ultralibéral et mondialisé [Hours, 1998b]. Enfin, une abondante production provenant du milieu lui-même s'emploie (outre les récits personnels) à l'analyser, ainsi qu'à théoriser pratiques, rôle, fonctionnement [par exemple, Holzer, 1994].

L'extraordinaire vogue et la diffusion planétaire du « modèle » ONG appellent pourtant à l'ouverture de nouveaux chantiers transcendant les barrières disciplinaires, de la science politique à la gestion. Qu'il s'agisse de la sociologie des individus qui les composent ou des organisations proprement dites, de leur économie comme de leur histoire.

Transnationalisme ou souveraineté

Les travaux sont nombreux dans la discipline des relations internationales. Celle-ci a été en effet la première à percevoir, dans un contexte dominé jusqu'alors par les États et les OI, le surgissement des ONG comme acteur privé majeur. Alors que beaucoup imaginaient, souhaitaient ou craignaient de voir les entreprises multinationales interférer dans les relations interétatiques, voire porter atteinte à la souveraineté des États, peu nombreux étaient ceux qui prévoyaient que des groupements à vocation désintéressée et sans but lucratif occuperaient autant le devant de la scène.

Robert Keohane et Joseph Nye, les premiers [1972], ont soutenu que percevoir la politique internationale comme interétatique n'aurait plus guère de sens, dans la mesure où elle serait devenue transnationale, c'est-à-dire qu'elle reposerait dorénavant sur des interactions multiples dans lesquelles les États joueraient certes leur partition, mais aussi nombre d'acteurs transfrontières. Cette approche a depuis lors été largement reprise, approfondie et diversifiée des deux côtés de l'Atlantique. Aux États-Unis, James Rosenau a développé sa théorie des « acteurs hors souveraineté » [1990].

En Europe, Badie [1999, 2002], Laroche [2000], Smouts [1998 ; avec Badie, 1999], de Senarclens [2000] se sont interrogés tant sur les rapports entre ONG, États et OI que sur le poids réel et le rôle dévolu à des entités privées non marchandes. Guillaume Devin considère, lui, que l'élargissement de la catégorie d'acteurs aux ONG bat en brèche le monopole du droit international que s'étaient arrogé les plus puissants [2002]. Samy Cohen, au contraire, met en exergue la capacité de résistance des « États postmodernes » (particulièrement les occidentaux) qui demeureraient un acteur majeur du système international. Estimant même que l'action de certaines ONGI aurait un effet multiplicateur de leur influence, il se fait le critique sévère des positions transnationalistes [2003b].

Si les problématiques à explorer et discuter sont donc encore nombreuses, il semble nécessaire, pour mieux les contextualiser, d'explorer « de l'intérieur » ces ONG.

Culture de l'engagement et choix individuels complexes

Carrières militantes et professionnelles

Empiriquement, l'observateur attentif constate vite que, à quelque niveau qu'elle se situe (adhérents, militants, bénévoles, volontaires, salariés), l'implication des individus dans une telle entité est le plus souvent en corrélation avec une puissante dimension d'engagement personnel. Cette « culture de l'engagement » est selon nous une dimension consubstantielle.

Les discours que ces femmes et hommes tiennent, aussi bien sur leur organisation que sur leur parcours particulier, la mettent en avant comme une préoccupation forte, dépassant et transcendant celles, plus immédiates, de situation économique, d'accomplissement dans un milieu professionnel déterminé. D'où l'intérêt d'user des outils qu'offre la sociologie politique (particulièrement celle traitant du militantisme et de l'action collective) pour affiner l'approche du milieu non gouvernemental.

Succédant à une période de large désintérêt, de récents travaux pionniers menés par plusieurs équipes françaises [Dauvin et Siméant, 2002 ; Collovald *et al.*, 2002] ont en effet commencé de défricher ce champ et témoigné de sa richesse potentielle. À partir d'une étude menée sur quatre ONG (inscrivant leur activité opérationnelle plus ou moins sur le terrain « humanitaire »), Pascal Dauvin, Johanna Siméant et l'équipe du CAHIER (Collectif d'analyse de l'humanitaire international, université de La Rochelle) se sont efforcés d'appréhender la réalité du travail humanitaire « du siège au terrain ». Simultanément apparaissent ainsi caractéristiques communes et fort degré de différenciation des trajectoires individuelles. Mais, pour autant, il ne s'agirait pas d'un militantisme de type foncièrement nouveau. Une forte imprégnation de la socialisation catholique au niveau familial s'y retrouverait fréquemment. Si les buts sont quasi infinis (l'environnement, l'humanitaire, le développement, les droits de l'homme, la culture...), les déterminants personnels n'en sont pas moins complexes, et ne sont pas uniquement à chercher dans la notoriété d'une activité. En même temps, carrières militantes et professionnelles sont étroitement imbriquées, tout en s'insérant dans une division du travail entre siège et terrain. Les convergences de pratiques et de socialisation résultant des interrelations entre les expatriés des ONG et ceux des OI sont aussi observables, de même que le parallélisme des intérêts entre salariés des ONG et des bailleurs, ou, naturellement, le travail de l'institution sur ses membres (salariés des sièges, expatriés, adhérents, bénévoles...).

Néanmoins, l'échantillon retenu par ces auteurs (MDM, MSF, HI et ACF) accentue peut-être trop l'aspect médical, ainsi que les préoccupations du soin et de la santé. Or, la communauté des

ONG françaises est aujourd'hui riche de bien d'autres organisations de taille moyenne ou importante. D'autant qu'une hypothèse à discuter serait celle que les deux ONG « médicales » (MSF et MDM) constitueraient, d'une certaine manière, des exceptions correspondant à un donné historique particulier non reproductible aujourd'hui, ni en France ni ailleurs. Ce qui lui donne du crédit, c'est qu'aucune organisation significative de même type n'est plus née depuis la création de la seconde, par scission d'avec la première, au début des années 1980. Alors que l'on a enregistré au moins deux autres vagues de naissances d'ONG transversales et généralistes (aujourd'hui bien inscrites dans le paysage) et intégrant aussi bien la santé et la réhabilitation hospitalière que le microcrédit, le nutritionnel que l'aide à la reconstruction ou au redémarrage d'activités économiques, le sida que les enfants des rues... Cette conjecture, même formulée autrement, est aussi celle de Rufin lorsqu'il observe que, depuis la fin du XXe siècle, le passage s'est effectué d'un humanitaire romantique et médical à un humanitaire plus technique, plus salarié et surtout plus transversal [1999].

Reste encore, comme l'avait déjà souligné Marc-Henry Soulet [1999] à propos de l'exclusion, qu'une distinction doit être opérée entre les motivations données et reconstruites par les individus concernés, et les « raisons » de leur engagement, à partir d'une recherche des déterminants des entrées individuelles dans le monde ONG. Des ruptures biographiques liées à un deuil, une séparation, un déménagement, en provoquant une situation de disponibilité personnelle voire de remise en cause identitaire, facilitent la transition à ceux qui, pour les surmonter, sont en quête de sens. Le « vécu » personnel par rapport à l'international (parents en poste à l'étranger, voyages multiples, insertion dans une communauté d'appartenance diasporique) est un facteur supplémentaire, même s'il ne doit pas être survalorisé. *A fortiori* lorsqu'il se trouve renforcé par un usage des médias s'éloignant volontairement du national : lecture de magazines et revues dédiés à l'international, suivi régulier de chaînes de télévision câblée, écoute assidue des radios internationales ou d'émissions en langue nationale ou étrangère de stations de divers pays [Dauvin et Siméant, 2002].

Vers des parcours professionnels ?

Brauman et Brunel [2004] continuent d'estimer que « pour les membres des ONG [...] le travail humanitaire n'est pas une étape dans un parcours professionnel. Il marque un moment dans un engagement volontaire ». La question fait cependant débat.

Les évolutions dans la sélection des personnels (siège comme terrain) nécessitent certainement une attention soutenue. Outre le recours à des spécialistes de domaines (agronome, ergothérapeute, chauffeur routier, juriste, comptable...), il en résulte d'abord la création et la solidification progressive de métiers spécifiques. Les dénominations commencent à se normaliser (administrateur, coordinateur, logisticien, chargé de financements...), comme les définitions de fonction à se préciser [Deberdt, 2001]. Parallèlement, de jeunes diplômés cherchent à suivre des formations spécialisées afin de renforcer leurs chances de recrutement, tandis que d'autres font visiblement le choix délibéré de débuter leur vie active dans le milieu non gouvernemental, avant de la poursuivre au sein des entreprises, en valorisant auprès d'elles cette expérience. Inversement, certains cadres supérieurs quittent celles-ci pour des ONG, de même que des fonctionnaires d'OI. Des stratégies élaborées semblent en voie de construction chez les uns et les autres.

Enfin, de hauts responsables salariés d'ONG semblent aussi construire de véritables *cursus* professionnels. Ce qui n'est pas obligatoirement contradictoire avec un engagement fort. Ces processus sont considérés comme parfaitement normaux chez les Anglo-Saxons. L'actuelle secrétaire générale d'AI vient d'une OI, des responsables d'Oxfam de la Banque mondiale ou l'industrie pharmaceutique. Mais ils se heurtent en France au discours encore dominant qui, au nom d'une sorte de « pureté associative », voudrait que l'on ne fasse point « carrière » dans des ONG. Quelques exemples commencent néanmoins à le démentir. Ainsi, le directeur général adjoint de MDM-F est devenu directeur général de Care-F, son prédécesseur y étant lui-même venu d'Aide et Action, en passant par le HCR. Tandis que celui de VSF-F a ensuite occupé le poste de directeur exécutif de Greenpeace-F, avant d'être nommé directeur des programmes de Greenpeace International. Mais même à des niveaux inférieurs, la mobilité gagne du terrain [Ryfman, 1999 ; Deberdt, 2001].

Cependant, les rémunérations restent de 30 % à 50 % en deçà de celles pratiquées dans le secteur marchand ou dans les OI. Si l'on reprend ainsi trois des ONG de l'échantillon du chapitre VI, les salaires mensuels nets moyens les plus élevés à ACF-F s'élèvent en 2002 à 3 538 euros, le salaire moyen étant de 1 942 euros. Quasiment tous les expatriés (92 %) partent sous le statut dit du « volontariat de solidarité internationale », défini par un décret du 30 juin 1995[a], seuls 8 % étant salariés. L'indemnité de volontariat mensuelle moyenne tourne autour de 840 euros, les salaires nets varient entre 1 067 et 1 524 euros[b]. À MSF-F les salaires les plus élevés varient entre 2 958 et 3 393 euros mensuellement. Sur le terrain, l'essentiel du personnel expatrié est constitué de volontaires hors décret de 1995, mais dont le « statut maison » est très proche. Le salaire le plus élevé pour MDM-F culmine à 5 404 euros, le salaire moyen étant de 1 776 euros[c]. Les expatriés sont essentiellement des volontaires, soit sous statut 1995, soit hors décret s'ils partent pour de courtes périodes. Pour de plus petites ONG, les montants sont encore inférieurs. Aux États-Unis et au Canada, au contraire, la tendance est au salariat généralisé, ainsi qu'à l'alignement des rémunérations sur celles des entreprises.

Ces trajectoires professionnelles semblent correspondre au nouveau profil des « carrières nomades », caractérisées par des employeurs multiples, la mobilité des projets et l'insistance sur l'expertise, par opposition aux carrières pyramidales classiques, fondées sur la promotion hiérarchique [Bender *et al.*, 2003].

a. Une réforme est en préparation. La loi organisant le « contrat de solidarité internationale » devrait entrer en vigueur en 2005.

b. *Rapport d'activités 2002*, ACF, p. 8.

c. *Rapport financier 2002*, MSF, p. 5. *Rapport financier 2002*, MDM, p. 31.

Reconversions militantes

Annie Collovald a mené, elle, une enquête collective « sur un militantisme de solidarité internationale en faveur du tiers monde » [2002]. Elle a pris pour objet les associations CODEV (Clubs Coopération Développement). Au nombre d'une vingtaine aujourd'hui, et investies sur le terrain du développement, elles sont confédérées en une structure nationale qui, en 2003, a adopté la nouvelle dénomination d'Électriciens sans frontières. Or la trajectoire de leurs responsables présente des caractéristiques communes, mais sur un mode particulier. Pour la plupart militants de la CFDT, ils sont passés progressivement de l'action syndicale à un engagement débouchant sur une expertise humanitaire. Par ailleurs, professionnellement, ils sont issus de l'une des dernières grandes entreprises publiques, EDF. Ils sont donc marqués par sa culture propre. En même temps, ils ont opéré une reconversion dans l'aide internationale et y ont aussi trouvé une forme d'autovalorisation.

Mais il reste à identifier les ressorts qui incitent des salariés que tout sépare (sur les plans professionnel, de l'âge, des compétences) à s'investir dans le monde non gouvernemental. Collovald plaide par conséquent pour la construction d'une véritable sociologie des carrières morales des dévouements militants.

Pour autant, ces « experts » au service de l'action humanitaire, des droits de l'homme, de l'environnement restent profondément marqués (lorsqu'ils viennent du monde de l'entreprise) par les critères managériaux tant dans la gestion de projet que dans leur rapport à l'« efficacité » de l'action, érigée en principe intangible.

Ensuite, l'insertion d'individus dans le milieu ONG à travers le passage du dévouement militant à la professionnalisation, pour être une figure familière [Holzer, 1994, à propos du CCFD], pourrait, à terme, être frappée d'obsolescence. Des observations empiriques donnent en effet à penser que le parcours inverse serait aujourd'hui tout aussi présent, voire prédominant dans beaucoup d'entre elles.

Ailleurs qu'en France, la présence massive de la philanthropie dans l'univers social (comme en Grande-Bretagne ou aux États-Unis) et son poids dans la politique d'assistance, au niveau national, en matière de santé, d'éducation, d'exclusion [Abeles, 2002] sont aussi constitutifs d'un contexte favorable aux projections personnelles vers l'international. Sans compter que le caritatif peut constituer, pour des groupes minoritaires, l'occasion de revendiquer une position sociale ou de la construire et légitimer. Ce fut déjà le cas pour des femmes de la classe moyenne dans les pays anglo-saxons au XIXe siècle. Henry James décrit ainsi l'une de ses héroïnes « partie en guerre contre les iniquités sociales », comme animée de « zèle humanitaire » [1998, p. 45]. Il en alla pareillement des juifs sous la IIIe République en France [Bec *et al.*, 1994].

Enfin, le « leader charismatique » (de Bernard Kouchner pour MSF-F et MDM-F à Rony Brauman pour MSF-F, en passant par Robert Ménard pour RSF ou Peter Benenson pour AI) est une occurrence fréquente dans le milieu ONG. Sa récurrence et son influence gagneraient à être examinées de près.

Rapport au politique

Le rapport au politique, en dépit de certaines postures verbales de dénégation sur l'étanchéité supposée entre action non gouvernementale et activité politique, mérite aussi approfondissement. Même s'il s'exprime de manière décentrée, en quelque sorte, vers des engagements de type solidaire désormais à titre principal et non plus seulement complémentaire, à rebours d'une certaine tradition (particulièrement à gauche) faite d'entrisme mêlée à la valorisation des adhésions multiples, mais où l'appartenance partisane demeurait première.

Les grands déterminants de la pratique militante que Daniel Gaxie fut le premier à théoriser, précisément à propos des partis politiques [1977], ne s'appliqueraient-ils pas aussi au milieu non gouvernemental ? Qu'il s'agisse de l'acquisition d'une culture, d'un capital social susceptible de rentabilité professionnelle, de positions d'expertise, voire de postes de responsabilité ou d'emplois corrélés avec la rémunération symbolique de participation à un juste combat et d'appartenance à un groupe lié par des sentiments, des émotions fortes… La dimension de surinvestissement affectif commune à bien des individus liés aux ONG (quel que soit leur statut) est ainsi particulièrement frappante pour l'observateur. Elle aussi demanderait à être étudiée de manière approfondie en lien avec sa dimension psychologique, dans le prolongement des pistes ouvertes, précisément à partir du politique, par Philippe Braud [1996]. Les conséquences peuvent en effet en être redoutables, aussi bien au plan des destins individuels (rupture d'amitiés anciennes et solides, exacerbation des rivalités personnelles, sentiment de vide ou de perte, voire dépression et troubles psychologiques après un départ…) qu'en termes de fonctionnement et de positionnement stratégique des organisations.

D'autres processus de reconversion du politique vers le non-gouvernemental cette fois sont également à l'œuvre, *a fortiori* lorsqu'ils sont favorisés par des facteurs conjoncturels. Anciens des luttes anticoloniales cherchant à prolonger leur combat pour le tiers monde, orphelins post-soixante-huitards du « tout-politique », ex-communistes ou activistes d'extrême gauche en rupture de ban avec leurs partis ou mouvements respectifs après les révélations sur le Goulag, sympathisants de la droite déçus par le passage au pouvoir du parti qu'ils soutiennent : nombreuses sont les ONG qui ont constitué (et demeurent) un havre d'accueil régulier d'ex-militants politiques.

Une attention particulière doit aussi être accordée à des contextes où, du fait de la nature d'un régime, l'engagement politique est soit difficilement praticable, soit à haut risque. Une structure ONG peut alors offrir à la fois un espace permettant la poursuite d'une certaine forme d'activité (moins fortement connotée aux yeux de pouvoirs dictatoriaux ou autoritaires) auprès des populations et fournir une position de repli pour d'anciennes ou de futures élites, en attente de jours meilleurs. En Amérique latine, ce facteur a largement compté dans la croissance du mouvement ONG durant les années 1970, spécialement au Chili ou au Brésil. Pareillement, l'Afrique du Sud de l'apartheid a connu une croissance exponentielle de ses ONG dans le domaine, bien sûr, des droits de l'homme, mais également de la

Paradigmes organisationnels

Comme le souligne Erik Neveu, la participation au collectif offre à l'individu la possibilité de revendiquer de l'appartenance [2002]. Mais comment analyser ce collectif en tant qu'objet propre ? L'application des instruments de la sociologie des organisations au milieu ONG reste encore à opérer. Elle serait certainement riche d'enseignements, mais n'apparaît guère avoir jusqu'alors suscité d'intérêt. Pourtant, bien des chantiers sont à ouvrir. Celui, par exemple, du type de configuration organisationnelle prédominante et de son efficacité. Mintzberg [1984] postule ainsi qu'une organisation (considérée comme la somme totale des moyens de diviser le travail et de coordonner les tâches qui en résultent) n'est efficace que si elle répond à l'un des cinq types de structures suivants : structure simple, bureaucratie mécaniste, bureaucratie professionnelle, structure divisionnelle, adhocratie. Or, le modèle de la « bureaucratie professionnelle » semble assez bien adapté aux ONG avec ce qu'il suppose de faible formalisation, de décentralisation, de départementalisation par fonction, mais en même temps de (relative) standardisation des qualifications.

À moins qu'il ne faille lui préférer le paradigme « postbureaucratique » de Lewin et Stephens [1993], lequel caractériserait les nouveaux modes organisationnels à l'œuvre depuis les années 1990, à travers leur valorisation du fonctionnement participatif, de la réduction des niveaux hiérarchiques comme de leur poids, ou encore du travail en réseau.

De même, comme l'ont suggéré (pour les actions sanitaires) Arzelier et Coker [1998], serait-il pertinent de pouvoir disposer d'outils fiables fournis par les économistes pour analyser une ou plusieurs ONG données non seulement en tant qu'agents économiques, mais encore en termes de coût-efficacité de leurs programmes opérationnels.

santé, de l'éducation, de l'environnement. Dans l'un et l'autre cas, ces ONG du Sud étaient fortement articulées avec des ONG du Nord, bailleresses de fonds, pourvoyeuses de méthodes, de formations ou d'expatriés, parfois en charge d'un rôle d'interposition et de protection vis-à-vis des autorités locales.

Mais le mécanisme inverse a tout autant fonctionné. Ainsi, l'heure de la transition démocratique, dans ces mêmes pays, sonnera également celle de la confluence massive des élites dirigeantes de ces ONG avec le nouveau personnel politique qui se met alors en place [Grzybowski, 1993]. Au point, dans certains cas, de décapiter, purement et simplement, des organisations qui parfois mirent plusieurs années avant de reconstituer leur direction. Au Mali, en 1992, le vainqueur de la première élection présidentielle libre, Alpha Oumar Konare, était, sous la dictature, le responsable de l'une des principales ONG locales.

Au Nord, ce processus de passage, du fait de son caractère fortement individualisé, reste plus difficile à mesurer. Il ne semble pas pour autant marginal, même si sa « spectacularisation » brouille souvent la perspective. La nomination par l'Administration Bush aux États-Unis d'Andrew Natsios, directeur général de World Vision, à la tête de l'USAID s'inscrit dans une tradition déjà ancienne. En Belgique, deux anciens dirigeants de MSF sont devenus respectivement sénateur et, un temps, secrétaire d'État à la Coopération (Alain Destexhe et Réginald Moraels). En France, Xavier Emmanuelli, Bernard Kouchner, Claude Malhuret ou Pierre Pradier ont quitté MSF et MDM pour occuper des fonctions gouvernementales ou solliciter des mandats électifs.

Croissance interne ou externe

Les capacités accrues dont jouissent dorénavant certaines ONG sont étroitement imbriquées (hors la question de la concurrence) avec des phénomènes de croissance externe ou interne qui, là aussi, demandent à être scrutés. Dans le premier cas, le milieu non gouvernemental n'ignore pas totalement l'existence des fusions-absorptions dont le secteur marchand est coutumier, même si elles sont encore rares. En France, la branche française de l'organisation Band Aid (créée en 1984 par le chanteur Bob Geldorf lors de la famine en Éthiopie) est devenue en 1991 un département de MDM-F ; de même que l'ONG SERA (qui s'occupait d'orphelins en Roumanie) est absorbée par Care-F en 2003. En 2004, VSF et le CICDA fusionnent, tandis qu'Agir Ici et Oxfam (suivant d'autres modalités) se lient.

Pour le second cas, il réfère très directement aux facteurs conduisant une entité associative qui n'est déjà en déficit ni de moyens ni de notoriété à agir sur un terrain qui, initialement, ne lui est pas familier et ne ressort pas de son « mandat » au sens strict. Dès lors, pour ces ONG, la pente naturelle, comme pour toute structure ayant atteint une taille significative, n'est-elle pas de croître et de défricher de nouveaux territoires ? À plus forte raison encore si son domaine traditionnel d'activité se rétracte, devient de plus en plus complexe et est le lieu d'une concurrence active. En outre, les demandes externes sont multiples. Le monde globalisé regorge de thèmes nouveaux à prendre en charge par le non-gouvernemental. Divers groupes (bénéficiaires, victimes d'exactions ou de catastrophes écologiques, personnels expatriés ou locaux, altermondialistes), sans omettre les États ou les OI, ne sont pas avares de sollicitations à cet égard. Les encouragements de ces deux dernières catégories (également dispensatrices de financements publics) sont évidemment loin d'être désintéressés. Le déplacement des centres d'intérêt des donateurs privés délaissant (dans le geste du don) telle cause au profit d'une nouvelle n'est pas non plus à négliger.

Reste que si certaines ONG semblent plus concernées (ou plus tentées) que d'autres par une pareille démarche, c'est aussi que se superposent à ces mécanismes des processus spécifiques tenant à l'évolution chez leurs dirigeants et membres de leur propre représentation du monde, ainsi qu'à leur perception de la place de leur organisation dans celui-ci. Autrement dit la place que conserve l'engagement dans le processus décisionnel.

Maints exemples peuvent être cités, de la campagne menée par HI sur les mines antipersonnel aux initiatives de MSF pour faciliter l'accès des populations du Sud aux médicaments essentiels par une baisse drastique des coûts. Le CCFD s'investit, lui, dans le renforcement du contrôle des ventes d'armes. Tandis qu'Oxfam est devenu le pivot mondial du combat mené par une coalition d'ONG et visant à l'annulation de la dette des pays du Sud (sous le slogan « Drop the Debt. Now »).

Histoire d'une idée, de pratiques et d'organisations

Écrire l'histoire de l'idée ONG du point de vue d'une « croyance occidentale », comme l'a fait Gilbert Rist pour le développement [2001], serait enfin certainement stimulant et source de riches enseignements. Nathalie Herlemont-Zoritchak a posé de premiers jalons en ce sens [2002], en s'interrogeant sur les « illusions et réalités de l'idéologie humanitaire » des ONG de ce secteur entre 1971 et 2001. Vartouhie Alexanian a, elle, opté pour la voie de la monographie thématique [2002], avec l'exemple de l'action prolongée des ONG en Arménie ex-soviétique au cours des années postérieures au séisme du 7 décembre 1988. Les monographies d'organisations sont encore trop peu nombreuses et demanderaient à être étoffées. À l'image de celle de Black pour Oxfam [1992], d'Egan pour la période initiale de l'Américaine CRS [1988] ou de François Mabille pour le CCFD [1999].

Comme pour d'autres structures, la recherche sur le milieu ONG se heurte à divers obstacles. Ils tiennent bien sûr à des objectifs spécifiques différents pour les chercheurs de ceux poursuivis par les associations, ainsi qu'aux craintes, plus ou moins fantasmées, que suscitent les discours des premiers, trop vite taxés de théorisations déconnectées des réalités de terrain. Pourtant, les ONG ne devraient pas redouter de devenir objets de recherche, dans le respect, bien sûr, des règles déontologiques en la matière. Pratiquer l'opacité se révélerait de toute façon vain, alors que leur prestige, même s'il fait l'objet de régulières réévaluations, se maintient à un niveau élevé, incomparablement supérieur, en tout cas, en ce début de XXIe siècle, à celui d'autres structures intermédiaires, tels les syndicats ou les Églises.

VIII / Des acteurs de la recomposition d'un monde globalisé

L'idée que le système international ne se résumerait plus aux seuls acteurs étatiques et interétatiques s'est largement répandue, on l'a dit. Aucune théorie des relations internationales ne ferait aujourd'hui l'impasse sur l'existence de protagonistes non gouvernementaux, lesquels ne se limitent pas aux seules ONG, naturellement. Mais, au-delà, les avis divergent quant au poids réel de ces dernières, ainsi que sur l'effectivité de leur rôle dans la construction d'une architecture internationale adaptée au XXIe siècle et à un monde globalisé. Alors qu'une structure multilatérale (au sein de laquelle il était plus aisé pour des ONG de s'insérer) semblait émerger, lentement mais assez nettement, de la période transitoire consécutive à la chute du mur de Berlin, cette évolution se trouve (temporairement ?) remise en cause par l'affirmation forte de l'hyperpuissance et de l'unilatéralisme américains.

Des opinions publiques favorables

Compte tenu du rôle croissant joué par les opinions publiques, la faveur que celles-ci semblent accorder à une reconnaissance de l'influence des ONG sur le système-monde constitue pour ces dernières un facteur déterminant. Diverses enquêtes ont été menées auprès de citoyens de pays développés, émergents et en voie de développement, ou auprès de populations privées de droits, en situation de précarité, ou encore de victimes de conflits ou de catastrophes naturelles au Sud ou à l'Est, leur demandant de nommer qui sont ou devraient être les principaux intervenants

Sondages positifs

En France, une enquête d'opinion effectuée régulièrement sur l'aide au développement (intitulée le « Baromètre de la solidarité internationale des Français ») illustre la confiance qu'inspirent les ONG. Réalisée par l'Institut de sondages Lavialle (ISL), la dernière du siècle passé montrait que les « organisations humanitaires » (assimilées aux « ONG ») arrivaient en deuxième position après l'ONU, mais devant l'UE et les gouvernements, parmi les « trois principales institutions qui devraient être le plus directement responsables de l'aide et du développement des pays les plus pauvres ». Même s'il englobe, de manière non distinctive, l'assistance humanitaire d'urgence et l'aide au développement, le résultat est éloquent [CCFD, 1999]. À l'automne 2003, une autre enquête menée sur l'attitude des « Français face à l'enjeu de la lutte contre la faim dans le monde » place les ONG en troisième position derrière l'ONU et l'UE dans le degré de confiance accordé aux différents acteurs de la lutte contre la faim [CCFD, 2003].

Deux sondages menés ultérieurement, sur des bases plus vastes et transnationales, confirment et amplifient cette estime dont semblent jouir les ONG. Dans chacun des cas d'ailleurs, les Français n'étaient pas inclus dans l'échantillon. Ils ont l'un et l'autre été commandés par le Forum économique mondial, autrement appelé Forum de Davos, qui avait choisi le thème de la « confiance » comme axe principal de sa rencontre annuelle de janvier 2003.

Réalisé par une firme canadienne (Environics International) et différentes sociétés du réseau de l'Institut Gallup, le premier a été conduit auprès de 36 000 personnes dans quarante-sept pays sur six continents, allant, en Europe, de l'Autriche à la Grande-Bretagne en passant par l'Allemagne, la Suisse, la Pologne et la Russie et, hors du Vieux Continent, de la Turquie, Israël, les États-Unis, le Canada, au Japon, au Cameroun ou à l'Afrique du Sud... À la question « Quelle confiance accordez-vous aux institutions pour agir au mieux des intérêts de la société ? » les réponses placent en tête (cumul « beaucoup » et « moyennement », avec réponses multiples) les forces armées, immédiatement suivies par les ONG. La « queue de peloton » est occupée par les Parlements. Le haut degré de confiance accordé aux armées s'explique probablement par l'« effet 11 septembre » et la présence dans l'échantillon de pays comme les États-Unis, le Pakistan, Israël, l'Inde, où les questions de sécurité sont prégnantes [WEF, 2002].

Un second sondage mené cette fois dans quinze pays (de l'Argentine à la Chine, en passant par la Corée du Sud, le Qatar, le Mexique) s'est attaché à mesurer la confiance dans les dirigeants de diverses institutions. Cette fois, les « leaders ONG » arrivent en tête, suivis par les dirigeants des Nations unies et les chefs spirituels et religieux. Les patrons des multinationales et les dirigeants politiques américains ferment la marche. Encore plus éclairant est le fait que le degré de confiance dans les ONG en tant qu'organisations est même, dans certains pays, supérieur à celui accordé à leurs dirigeants ! C'est le cas en Grande-Bretagne, en Inde, en Italie ou en Allemagne. En revanche, les chiffres sont quasiment identiques au Canada ou aux États-Unis [WEF, 2003]. Les ONG concernées incluent aussi bien celles de développement et humanitaires que de droits de l'homme et d'environnement.

par exemple dans les domaines de l'aide au développement, de l'écologie ou des droits de l'homme. Or, elles amènent à constater un degré élevé de référence aux « ONG ». De même bénéficient-elles d'un fort taux de confiance.

La notoriété à laquelle les ONG ont ainsi accédé renforce évidemment leur position dans les interactions complexes à l'œuvre dans la société internationale contemporaine. La voie est ainsi tracée d'une institutionnalisation au moins partielle de leurs rapports avec d'autres acteurs, particulièrement les OI.

Une institutionnalisation progressive des rapports avec les OI

Octroi d'un statut

Elle se manifeste d'abord à travers l'accession d'ONG à un « statut », traduisant leur coopération avec diverses OI. Si, à l'origine, celui-ci avait clairement pour objet d'enfermer dans un cadre strict leurs rapports mutuels, il est aujourd'hui plutôt l'occasion d'une reconnaissance, voire d'une consécration du rôle des premières par les secondes [Willets, 1996]. C'est la formule du « statut consultatif » qui l'exprime. Il vaudrait mieux d'ailleurs employer le pluriel et parler de « statuts », car ceux-ci sont divers. Leurs formes connaissent un plus ou moins grand degré de sophistication, suivant les OI en cause.

Au début du XXIe siècle, un peu plus de deux mille ONG sont bénéficiaires de l'un ou l'autre de ces statuts consultatifs qui leur reconnaissent la qualité d'experts techniques, de conseillers ou de consultants des Nations unies. Ce nombre, relativement élevé, est directement le produit de la réforme initiée en 1996, et qui était marquée par un incontestable esprit d'ouverture. Lequel n'était finalement que la traduction de la réponse qu'essayait d'apporter le système onusien à la montée en puissance des ONG et une manière donc de reconnaître leur caractère désormais incontournable. En 1975 avait déjà, dans la même intention, été créé le NGLS. Son but est de favoriser précisément le dialogue et la coopération entre ONG et système de l'ONU, particulièrement dans les domaines du développement, de l'humanitaire, des droits de l'homme et de l'environnement. Il joue un rôle important de diffusion de l'information auprès des ONG, peut apporter un appui financier à celles du Sud pour leur

Le statut consultatif auprès de l'ECOSOC

Au regard de l'histoire, il n'est guère inattendu que ce soit l'ECOSOC (lequel coordonne aujourd'hui l'ensemble des activités économiques et sociales non seulement de l'ONU elle-même, mais de l'ensemble du système) qui, après diverses révisions, en ait défini de la façon la plus achevée le cadre général, par sa résolution, déjà mentionnée, 1996/31 du 25 juillet 1996. Globalement il s'articule sur trois niveaux.

La différenciation réside tant dans la nature des missions que s'assigne l'ONG que dans le degré de participation à ses propres travaux que va lui octroyer le Conseil. Le plus complet, dit « consultatif général » (usuellement qualifié de « catégorie I »), prévoit que l'ONG peut nommer des représentants, proposer l'inscription de ses suggestions à l'ordre du jour des réunions des instances du Conseil, participer à des consultations, ainsi qu'aux travaux préparatoires de conférences convoquées par l'ONU. Seules peuvent normalement y prétendre les organisations dont le mandat et les réalisations couvrent des champs s'identifiant aux principaux domaines d'action des Nations unies, ainsi que de ses diverses composantes, et dont les adhérents sont suffisamment nombreux et représentatifs des différentes régions du monde. Parmi les ONG qui en bénéficient actuellement, on peut citer MDM, ATD Quart-Monde, Care.

Le deuxième, dit « consultatif spécial » (ou de « catégorie II »), est intermédiaire puisque les ONG qui en sont dotées peuvent assister à diverses réunions, notamment des commissions et même du Conseil, mais sans pouvoir y prendre la parole. Peuvent le solliciter celles possédant une compétence spécifique et actives dans certains seulement des domaines de compétences de l'ECOSOC. HI, MSF, AI l'ont obtenu.

Enfin, le statut dit de la « Liste » (encore dénommé de « catégorie III » ou « Roster »), entraîne seulement l'engagement de diffuser auprès des ONG des informations sur les programmes ou les résolutions de l'institution concernée. L'acteur intergouvernemental dispose cependant de la faculté de consulter les ONG, mais à sa seule guise. Celles pouvant occasionnellement contribuer utilement aux travaux de l'OI en relèvent. Dans ce groupe figurent aussi bien Action d'urgence internationale (AUI) que les Amis de la Terre. En outre, les ONG bénéficiant déjà d'une reconnaissance de type consultatif auprès d'une autre institution spécialisée ou d'un organe des Nations unies extérieur à l'ECOSOC (ou de l'un de ses organes subsidiaires) figurent automatiquement sur la Liste. Celle-ci est par conséquent composée aux deux tiers d'ONG ayant été reconnues selon des mécanismes autres que ceux de l'ECOSOC [HCCI, 2002].

permettre de participer aux réunions onusiennes, et enfin a élaboré une conséquente base de données. Plus de six mille organisations s'y trouvent répertoriées.

Outre l'ONU et ses divers rameaux, des organisations régionales, comme le Conseil de l'Europe, connaissent aussi des modes de consultation fonctionnant selon des mécanismes voisins. Le statut de cette OI paneuropéenne ne prévoyait pourtant à l'origine aucune disposition particulière de ce chef : le Comité des ministres, en charge politiquement du dossier après la chute du mur de Berlin, s'inspira tout simplement lui aussi de l'article 71 de la charte. La résolution (93)38 du 18 octobre 1993 prévoit que le statut pourra être accordé aux ONG justifiant « s'occuper de questions relevant de la compétence du Conseil de l'Europe ».

Autres modalités

Prévoir un mode de consultation du milieu associatif, lors de négociations entre États préalables à la fondation d'une nouvelle OI, paraît d'ailleurs dorénavant s'imposer aux futurs membres, en tout cas à leur majorité. Les dispositions (déjà citées) de l'article V.2 de l'accord constitutif créant, en 1995, l'OMC en constituent un bon exemple. Sa première mise en application eut lieu fin 1998. Cent cinq ONG (parmi les 159 qui s'étaient portées candidates) furent ainsi admises à assister aux séances plénières de la conférence ministérielle de l'organisation tenue à Singapour. Parmi elles, on comptait alors Greenpeace International et MSF International… Toutefois, dès l'année suivante, la vague de contestation de la « mondialisation libérale », qui prend particulièrement pour cible cette OI, remit en cause aux yeux de beaucoup d'ONG le principe et l'intérêt mêmes d'une coopération avec elle.

D'autres formules méritent encore d'être signalées. Ainsi de celle instituée par OCHA (acronyme anglais), dépendant du secrétariat général. Il a inclus comme participants à une structure qu'il pilote, le Comité permanent inter-organisations (CPI), d'importantes coordinations d'ONG qui y siègent aux côtés de diverses agences onusiennes. Il s'agit, outre InterAction, de l'ICVA (Conseil international des agences bénévoles) et du SCHR (Comité de direction pour l'assistance humanitaire). Quant à l'accès aux sessions de la CDH accordé à des ONG, il a déjà été mentionné.

Les IFI ont, elles aussi, développé leurs propres pratiques. La Banque mondiale s'est particulièrement distinguée depuis une vingtaine d'années par la multiplication des instances de concertation avec les ONG [Nelson, 1995]. La principale a fonctionné de 1982 à fin 2001, sous la dénomination de « Groupe de travail Banque/ONG » (NGO Working Group), devenu ensuite le

NGO/World Bank Committee. Le degré du partenariat s'est encore élevé depuis 2002. Désormais, c'est un Joint Facilitation Committee (JFC), avec copilotage paritaire, qui fonctionne. Toutefois, les ONG y siègent aujourd'hui aux côtés d'autres acteurs, tels des syndicats, des Églises… Cependant, le secrétariat de cette nouvelle instance n'est plus assuré par la Banque, mais par une ONGI (Civicus).

Ce tableau, fort sophistiqué, doit être doublement nuancé. Ces divers modes de coopération recèlent d'abord une dose notable, dans leur application, de formalisme, caractéristique de la bureaucratie onusienne. Ensuite, ils demeurent essentiellement articulés avec la branche des activités que l'on pourrait qualifier de « parlementaire » des OI concernées. Autrement dit, celle qui s'exprime à travers la multiplicité des séances préparatoires ou plénières, des réunions de commissions ou de comités, des rencontres d'experts… Certes, il s'agit là d'une facette non négligeable de leurs travaux, bien que la question demeure ouverte du résultat effectif produit par ces sessions, au regard des objectifs affichés. D'une manière informelle, cependant, un certain nombre d'ONG y trouvent leur compte, ne serait-ce qu'à travers les liens qu'elles leur permettent de nouer avec les fonctionnaires internationaux en charge des dossiers qu'elles-mêmes suivent.

Ce dispositif institutionnel, néanmoins, est loin d'épuiser la gamme des coopérations OI/ONG, d'autant qu'il souffre de manière récurrente d'une triple contestation. Au sein du milieu non gouvernemental lui-même d'abord, de puissantes associations s'en sont longtemps ostensiblement désintéressées : tel fut le cas de la quasi-totalité des ONG françaises de développement et humanitaires, jusqu'au début des années 1990, même si ultérieurement ce mouvement s'est inversé. Son postulat se trouve d'ailleurs de nouveau remis en cause depuis le tournant du siècle, cette fois vis-à-vis de certaines OI, comme l'OMC ou les IFI. Au surplus, les limites et blocages du système alimentent un fort sentiment de frustration. Or, en même temps, pour un nombre croissant d'États, l'inflation d'associations candidates, la prolifération de pseudo-ONG, le dogmatisme ou la radicalité de certaines, le questionnement sur leur légitimité justifient une remise à plat complète du statut consultatif.

Une « réforme de la réforme » de 1996 figure désormais à l'agenda international. Pour certains pays (à commencer par la Chine), il faudrait ainsi, à terme, « radier » celles des ONG dont les prises de position et l'action se révéleraient incompatibles avec la conception qu'ils se font du jeu international. C'est-à-dire, très concrètement, empêcher, par exemple, les prises de parole dans les enceintes onusiennes d'organisations dénonçant les abus et les exactions commis sous le drapeau de la souveraineté étatique… La CDH constitue de ce point de vue un enjeu majeur. Le bilan de ses sessions 2002 et 2003 a été jugé comme catastrophique par les ONG. Elles estiment se trouver de plus en plus marginalisées par les jeux diplomatiques et les arrangements circonstanciels passés entre certains États membres afin d'éviter toute condamnation (*Libération* du 18 avril 2003 ; *Le Monde* du 27 avril 2003). La suspension pour un an du statut consultatif de RSF, en juillet 2003, est de ce point de vue de particulier mauvais augure. Sur plainte de Cuba, la CDH, à la majorité, a estimé que cette ONG s'était rendue coupable de « non-respect » des procédures, pour avoir déployé une banderole et lancé des tracts lors de la séance inaugurale en mars de la même année (*Le Monde* du 26 juillet 2003)…

Les Nations unies prennent elles-mêmes des initiatives et sont en quête de formules innovantes. L'actuel secrétaire général, Kofi Annan, est ainsi à l'origine de *Global Compact*, pacte mondial des entreprises, lancé en juillet 2000 et censé favoriser le partenariat entre l'organisation mondiale, les ONG, les syndicats et les entreprises. Le bilan, du point de vue des ONG, est plutôt mitigé : ce sont surtout les multinationales qui semblent en avoir tiré le meilleur parti.

Des formes de néo-institutionnalisation

L'implication croissante dans la vie internationale des ONG se mesure aussi à leur présence régulière désormais lors des grandes conférences traitant de sujets transnationaux (Sommets de la Terre à Rio en 1992 et à Johannesburg en 2002, Sommets sur la population au Caire en 1994, sur le développement social à Copenhague en 1995, sur les femmes à Pékin la même année, sur les droits de l'homme à Durban en 2001…). Si les États ont pu dans un premier temps considérer que les « forums d'ONG » (suivant le terme consacré) qui les accompagnent systématiquement avaient un côté folklorique et sympathique, ils ont assez rapidement déchanté. En effet, d'une part, ces rencontres parallèles ont souvent bénéficié (plus que les réunions plénières) de l'attention des médias ; d'autre part, elles se sont progressivement transformées en « contre-sommets », comprenant des espaces de présentation et de discussion de projets alternatifs souvent plus inventifs et innovants que ceux débattus « officiellement ». Il est même advenu que certaines de leurs résolutions soient reprises, en tout ou partie, par des délégations d'États.

Certes, là encore, le jeu est complexe. Généralement, le pays et l'OI organisateurs font en sorte de mettre à disposition des ONG des lieux pour ces forums, et assument tout ou partie des frais structurels (déplacements, séjours, stands). Mais, en même temps, physiquement (hormis le cas de Vienne en 1993 sur les droits de l'homme), les ONG se sont vues tenues à l'écart des sites où se déroulaient ces conférences. Et parfois repoussées à plusieurs dizaines de kilomètres, comme à Pékin…

Parallèlement, sur certaines thématiques, des mécanismes internationaux prévoient expressément la participation systématique d'ONG. Ainsi sont-elles associées au processus de vérification du respect par les États parties à la convention d'Ottawa de leurs engagements d'élimination des mines antipersonnel. De même pour la Convention sur le commerce international des espèces menacées (CITES, acronyme anglais) signée en 1973 et destinée à protéger la faune et la flore en danger d'extinction. Les États signataires se réunissent tous les deux ans en conférence des parties. Or, un droit de participation y est reconnu aux ONG. Il va jusqu'à l'animation de comités d'experts et la préparation de documents de travail. En 1997, à Harare, une centaine d'ONG y côtoyaient les délégués de 127 États et d'organisations professionnelles [Constantin, 2000].

En outre, même formellement non conviées, ni donc accréditées, nombreuses sont les ONG qui « s'invitent » dans diverses réunions internationales où elles pratiquent une intense « diplomatie de couloir » et utilisent toutes sortes de canaux pour faire valoir leurs points de vue, non sans résultat souvent, à l'instar des négociations de La Haye, en novembre 2000, pour la mise en œuvre du protocole de Kyôto sur le climat. L'échec d'un accord *a minima* avec les États-Unis a largement été attribué au renversement de l'attitude des pays européens, pressés de ne point céder par une coalition d'ONG, Greenpeace en tête [de Ravignan, 2003].

Coopérations et rivalités avec les OI

Partenariats opérationnels

Toutes ces formules, dans leur diversité, participent encore des fonctions de proposition, dénonciation, plaidoyer, *advocacy*, pression exercées par les ONG concernées. Mais d'autres coopérations, pour être moins visibles, existent tout autant. Il peut même être soutenu qu'elles ont atteint un plus haut degré d'intensité parce que situées sur des plans financiers et opérationnels. Les deux sont d'ailleurs souvent liés. Pour nombre d'ONG, diverses OI sont devenues non seulement des bailleurs de fonds majeurs (on l'a constaté), mais encore des partenaires de terrain privilégiés. Pour ces OI, ces ONG constituent des opérateurs de choix, en même temps que d'utiles relais auprès des opinions publiques.

Un secteur typique de coopérations opérationnelles est celui constitué par l'aide humanitaire aux réfugiés et personnes déplacées : le Haut-Commissariat des Nations unies pour les réfugiés (HCR) et diverses associations intervenant auprès de ces populations sont ainsi engagés de longue date dans un partenariat complexe. C'est probablement d'ailleurs l'agence onusienne qui a le plus innové pour la construction d'un cadre stable de relations avec des ONG. Peut-être parce que, sur le terrain, elle se trouve constamment en interrelations avec une multiplicité d'acteurs, pour mener à bien sa mission. Or, pour le HCR, celle-ci est d'abord, sinon essentiellement, tournée vers des activités dites de « protection » (enregistrement des réfugiés, défense de leurs droits, retour ou transfert dans des pays d'accueil…), cœur de son mandat, aux termes de la convention de 1951 sur les réfugiés. Dès lors (particulièrement en situation de crise), il délègue fréquemment les activités d'organisation et de gestion des camps, de logistique, de santé, d'éducation, d'aide humanitaire proprement dite à des ONG.

Leur coopération a pris une dimension spectaculaire ces dernières années, puisqu'un demi-millier d'entre elles [HCR, 2000] travaillent aujourd'hui d'une façon ou d'une autre avec le Haut-Commissariat. Ce résultat découle d'un processus entrepris au début de la dernière décennie du XXe siècle à travers un vaste travail de réflexion et de concertation qui déboucha en juin 1993 sur l'organisation d'une conférence mondiale HCR/ONG, à Oslo, à laquelle participèrent 182 ONG de 83 pays. Le programme Parinac y fut adopté. Son application depuis lors est l'objet d'ajustements réguliers. Toutefois, ces relations n'ont pas pour autant un caractère idyllique, les heurts sont fréquents et les signes de dégradation des rapports se multiplient.

Tensions en accentuation

Ces partenariats et ces complémentarités ne doivent pas en effet conduire à des interprétations hâtives. Discours et pratiques de rapprochement vont de pair avec d'effectives frictions [Laroche, 2000]. De manière flagrante ainsi, sur le terrain, OI et ONG peuvent se retrouver tout autant dans une situation d'antagonisme que de coopération [Weiss et Gordenker, 1996]. Si les OI disposent de moyens importants, de grandes ONG ont aujourd'hui elles aussi (comme cela a déjà été signalé) la capacité de mener seules des opérations conséquentes. Dans de nombreux secteurs, elles passent (à propos de l'aide publique bilatérale par exemple) pour offrir des réponses capables de mieux atteindre les populations cibles que certains programmes d'acteurs intergouvernementaux. Potentiellement, elles apparaissent, au surplus, comme moins directement sensibles au poids du politique, qui peut peser lourdement sur les OI à travers leurs États membres. Bien sûr, une telle appréciation est révisable en fonction de l'origine, du mandat, de la taille, du mode de financement, de la stratégie de chaque ONG.

Reste que la rivalité peut prendre des formes feutrées, mais aussi être très directe. Ainsi, la série d'échecs qu'a connus l'OMS durant les deux dernières décennies du XXe siècle fait que, sur un certain nombre de thèmes liés à la santé, le monde des ONG a été perçu par des populations mais aussi par des États comme doté d'une plus grande efficacité et aboutissant à des résultats incontestablement meilleurs que ceux de cette OI. Au moins cette dernière en a-t-elle tiré les leçons, en entamant un processus d'*aggiornamento*. La création d'ONUSIDA et son mode autonome de fonctionnement en sont la conséquence directe. Mais à propos de l'accès des populations du Sud aux traitements antirétroviraux contre le sida, MSF a d'abord violemment remis en cause la politique du « tout-prévention » longtemps prônée par l'OMS. Elle a non moins ouvertement critiqué sa stratégie initiale de recherche d'un accord avec les firmes pharmaceutiques transnationales pour aboutir à une baisse concertée et progressive des prix des médicaments. Elle lui a opposé (avec d'autres ONG) les siennes propres, combinant le recours à des génériques fabriqués au Sud avec d'intenses actions de *lobbying* et de mobilisation des opinions publiques.

Dans le domaine des droits de l'homme, l'influence d'ONG comme AI, la FIDH ou HRW apparaît incontestablement supérieure à celle de l'ONU, tant auprès des victimes de violations de droits que des opinions publiques et enfin des États eux-mêmes. Il n'est pas déraisonnable non plus de soutenir qu'en termes d'effectivité elles affichent un niveau de réussite largement supérieur, et que les progrès enregistrés ces dernières années leur sont largement imputables. Même la création d'un Haut-Commissariat aux droits de l'homme (largement attribuable à l'intense et durable pression d'ONG), arrachée de haute lutte lors de la conférence de Vienne en 1993, n'a guère redoré le blason onusien. Les difficultés auxquelles se sont heurtés ses titulaires successifs en témoignent éloquemment, même quand il s'agissait d'une personnalité hautement réputée. Toute ex-présidente de la République d'Irlande qu'elle ait été, Mary Robinson a ainsi affiché sa lassitude en 2001 après un premier mandat de quatre ans, refusant d'en solliciter un second, et n'acceptant qu'une prorogation d'une année. Elle a même estimé « pouvoir être plus utile en dehors des contraintes du système onusien » [Buhrer et Levenson, 2003, p. 59]...

Dans le domaine environnemental aussi, les ONG spécialisées sont généralement créditées de succès dans la préservation des écosystèmes, bien plus que les agences intergouvernementales. Ce sont les premières qui « tirent » les secondes sur des problématiques comme le développement durable, les OGM, le réchauffement climatique, la biodiversité.

Crises récurrentes

Interaction signifie donc aussi, sinon tout autant, forte opposition. Les exemples de relations orageuses sont légion. En 1995, la crise des Grands Lacs et ses prolongements en furent le détonateur. Le HCR et MSF-F s'opposèrent violemment. Le principal reproche fait par l'ONG portait sur le décalage entre les principes du mandat du HCR et la réalité de ses opérations, ainsi que sur les difficultés du partenariat sur le terrain au quotidien, MSF imputant à l'OI des rétentions d'informations. Il fallut une réunion au plus haut niveau en 1997 pour amorcer un nouveau mécanisme de concertation en situation de crise [*Messages*, 1997, p. 4].

Mais les tensions resurgirent en d'autres lieux plus tard. Un conflit profond opposa ainsi en 2000, en Guinée-Conakry, à la frontière sierra-léonaise, des ONG au HCR. Elles lui reprochèrent ouvertement son attitude à l'égard des réfugiés. Cependant c'est surtout la révélation, au printemps 2002, de possibles abus sexuels à l'encontre des femmes et jeunes filles réfugiées dans des camps en Afrique de l'Ouest qui a entraîné une crise de confiance durable. Bien des ONG, présentes sur place, ont alors éprouvé le désagréable sentiment d'être désignées comme le « bouc émissaire » d'une situation qui, pour recouvrer des réalités malheureusement sordides de la vie quotidienne des populations réfugiées et déplacées, d'abord n'avait pas l'ampleur que des médias lui accordaient, ensuite ne concernait que très marginalement, voire absolument pas leur personnel. Alors que celui, civil et militaire, des Nations unies était, semble-t-il, nettement plus impliqué. Or, le HCR leur a donné (à tort ou à raison) le sentiment de ne contribuer ni à une recherche commune et objective d'établissement des faits, ni à une réflexion partagée en vue, si nécessaire, de l'adoption (en complément de celles déjà mises en œuvre) de mesures propres à prévenir toute dérive. Mais plutôt, face à la curée médiatique, de chercher à se défausser sur elles de ses propres responsabilités [Bradol, 2002].

Ailleurs encore, en Afghanistan sous le régime taliban de 1997 à 2001, les rapports entre ONU et ONG furent tout autant chroniquement conflictuels. Les secondes avaient ainsi très mal accepté que la première veuille leur imposer une espèce de tutelle et un contrôle tatillon, à la suite d'un accord directement conclu (sous la dénomination de *memorandum of understanding* ou MOU) entre l'ONU et le pouvoir islamiste sur l'organisation et les conditions de l'action humanitaire dans les zones à l'époque contrôlées par lui…

ONG et construction d'une gouvernance mondiale démocratique

L'implication croissante d'ONG de tous ordres aux côtés des critiques de la « mondialisation libérale » constitue-t-elle un tournant pour l'appréhension de leur place actuelle et future dans les relations internationales ? Cette participation à la nébuleuse altermondialiste a commencé d'être visible dans la période préparatoire à la réunion de l'OMC à Seattle en novembre 1999. Elle s'est intensifiée depuis. La présence d'un nombre significatif d'ONG aux côtés de mouvements de type parapolitiques, tel Attac (qui se présente comme une association d'éducation populaire, mais souligne sa proximité avec les ONG [Attac, 2002, p. 31]), comme de syndicats a des conséquences encore très mal mesurées. Elle ne restera, cependant, certainement pas sans influence, aussi bien sur la propre perception par ces ONG du rôle qu'elles revendiquent dans les affaires du monde que sur le regard porté sur elles de l'extérieur.

Tout en poursuivant leurs activités générales, qu'elles soient opérationnelles ou non, certaines organisations (de la FIDH à MDM, de Greenpeace au CCFD ou à Oxfam), renouant d'une certaine manière avec une vieille tradition non gouvernementale d'opposition aux États, s'engagent de plus en plus dans l'élaboration de voies alternatives à la mondialisation. Le passage rapide d'un monde structuré sur un axe Est/Ouest (et accessoirement Nord/Sud) à un monde globalisé fluidifie les critères d'engagement et d'opérationnalité. Il ne s'agit plus seulement de lutter contre les dérives de la mondialisation, mais, pour certaines associations, d'inventer de nouvelles formes de régulation de l'économie-monde, en prenant en compte aussi bien l'environnement que le droit international, le social que la santé, le culturel que l'accès aux marchés européen et nord-américain du coton africain, les intérêts propres des peuples du Sud (et d'abord des groupes les plus marginalisés) que les préoccupations éthiques de consommateurs du Nord. En un mot, de participer pleinement à la construction d'une « gouvernance mondiale démocratique », suivant l'expression de Henri Rouillé d'Orfeuil, président de Coordination SUD [2001].

L'amplitude prise par le mouvement social et citoyen né de cette contestation de la mondialisation bouscule *de facto* les ONG, et pas seulement celles du Nord. Qu'il s'agisse de leur mode de fonctionnement, du contenu de l'aide ou de l'appui qu'elles se proposent d'apporter, de leur activité de témoignage ou de dénonciation, il pourrait remettre en cause plus fondamentalement aussi bien leur positionnement que leur fonction même.

Des acteurs essentiels des relations internationales ?

Mais au bout du compte, si l'existence des ONG ne peut être ignorée, comment évaluer leur rôle exact dans le système international actuel qui se caractérise plus par le chaos que par l'ordre ? Et pourrait-il être déterminant dans un éventuel cadre post-westphalien, pour autant que ce dernier voie le jour ?

Cohen est sceptique quant à leur réelle influence. Il estime par exemple, à propos de la convention sur l'interdiction des mines antipersonnel (dont l'adoption et la mise en œuvre sont considérées comme un de leurs grands succès), qu'elles ont certes davantage qu'auparavant la possibilité d'intervenir dans des négociations internationales. Mais la limite de leur influence tient, pour lui, à ce que cette dernière ne s'exerce que sur des États déjà convaincus ou n'ayant rien à perdre sur la question en cause. En revanche, pour celles qui touchent au noyau dur de la souveraineté, elles n'ont d'autre pouvoir que celui que les États veulent bien alors leur concéder [Cohen, 2003a]. Brunel est encore plus sévère, en tout cas pour les ONG humanitaires, en soutenant qu'il y a contradiction entre leur nombre et leur puissance, et le fait que « jamais pourtant elles n'ont pu aussi peu agir pour protéger les populations victimes d'agissements criminels » [Brunel, 2001b, p. 107].

Thierry Garcin partage peu ou prou cette analyse quant aux ONG de droits de l'homme. Leur travail pèserait peu désormais « dans la vie des nations », et surtout « les relations internationales contemporaines n'en dépendent plus » [2002, p. 105]. Badie et Fardeau [2003] sont plus nuancés. Ils s'accordent sur le fait que si les États n'abandonneront sans doute jamais le jeu de la puissance, celle-ci est désormais sous la surveillance d'un « espace public international » dont les ONG seraient une composante majeure. D'autant que, dans le même temps, elles renonceraient progressivement aux postures systématiquement extra-étatiques, voire antiétatiques, pour rechercher un point d'équilibre réintroduisant l'État.

Le débat gagne d'autant plus en intensité que s'y greffe un questionnement croissant sur la légitimité même de l'acteur ONG.

IX / Des acteurs en question(s)

L'indéniable survalorisation dont jouissent les « ONG » dans l'univers contemporain a son revers : la question de leur légitimité figure aujourd'hui à l'agenda. Beaucoup tentent de s'en abstraire en postulant (sans le démontrer) que cet ensemble aux contours mal définis constituerait rien moins que la préfiguration d'une « société civile internationale », laquelle, structurée et organisée, serait en capacité de rivaliser à terme avec les constructions étatiques ou interétatiques. D'autres, plus prudents face à l'incertitude du concept de « société civile », décèlent à travers elles une prise de parole d'une opinion publique mondiale en devenir, ou les voient comme des représentantes d'une espèce de « tiers état planétaire », damant le pion aux États et aux entreprises transnationales.

En même temps, les difficultés, déjà soulignées, qu'engendre la plasticité du concept de « non-gouvernemental » ne peuvent plus être celées. D'où une tendance de plus en plus lourde à la mise en œuvre de mécanismes, internes, d'autocontrôle ou, externes, de régulation.

Légitimité et représentativité

Élites politiques, médias et chercheurs ont commencé à se saisir de ces interrogations. Ainsi, au début du nouveau siècle, après le ministre français des Affaires étrangères de l'époque, Hubert Védrine, son homologue belge Louis Michel, pourtant parangon pour son pays d'une « diplomatie morale » [Rosoux, 2002], les taxait d'irresponsabilité, de manque total de transparence et de représentativité, de prétention au monopole de la bonne conscience, et pour finir d'illégitimité… (*Le Monde* du 18 avril 2001). Position théorisée par un ex-Premier ministre français de la façon suivante : « Les organisations non gouvernementales n'ont pas une légitimité ni une capacité d'agir du même ordre que celles que confère la souveraineté, surtout lorsque celle-ci procède du suffrage universel. Le rôle des États reste donc déterminant car c'est d'abord en leur sein que s'élaborent les choix politiques » (Lionel Jospin, *in Le Monde* du 18 avril 2001).

Un essayiste, très médiatique, les déclarait, lui, carrément illégitimes parce que prétendument non transparentes [Minc, 2002]. Le directeur du *Monde diplomatique* s'inquiétait encore que « le vote démocratique n'ait aucune influence sur le fonctionnement interne […] d'organisations non gouvernementales d'envergure mondiale (Greenpeace, AI, WWF…) » (octobre 1997).

Plus scientifiquement, Serge Cordellier [2002] remarque que « le fait d'être sincèrement convaincu d'agir au nom de l'intérêt de la "société" ou de l'"humanité", d'être certain de contribuer au "développement" ou à la "démocratie" ne suffit pas à conférer une légitimité : au nom de qui, de quels intérêts, de quel projet agit-on ? ».

Il faut donc revisiter cette question de la légitimité car, précisément, la place comme le poids que se sont acquis bien des ONG n'autorisent plus à l'éluder, en dépit ou à cause du fait que jusqu'alors elle l'a été le plus souvent par les premières concernées.

Certes, il va de soi que la légitimité d'un gouvernement, issu d'élections libres et démocratiques, à mener une action intérieure comme extérieure ne saurait lui être contestée. Beaucoup d'ONG sont les premières à ne pas tomber dans ce travers. Au contraire, les mêmes réclament souvent que les États assument pleinement leurs rôles et fonctions. Pour autant, cela ne signifie pas que, si une ONG ne tire pas sa légitimité d'un processus électoral, elle en serait pour autant dépourvue. En quoi, suivant quels mécanismes, donc, une ONG est/serait-elle légitime ou illégitime ? Contrairement aux apparences, répondre à cette question ne présente pas une difficulté insurmontable. Il s'agit certes toujours à l'origine d'un processus de légitimation (essentiellement par la fonction), et même d'autolégitimation [Lagroye, 2002]. Mais pour autant, ensuite, l'ONG va construire cette légitimité. Ou n'y pas réussir, d'ailleurs. Elle peut même disparaître.

Référentiels de construction de la légitimité d'une ONG

• Pour une ONG ayant une activité opérationnelle sur le terrain, c'est la qualité, l'efficacité et la réussite de ses missions ainsi que de ses programmes d'aide aux bénéficiaires qui vont asseoir progressivement sa légitimité. L'évaluation externe, l'appréciation de la satisfaction des destinataires de l'assistance, le renouvellement des programmes participent des principaux critères à retenir.

• À partir de cette démonstration de ses capacités opérationnelles, c'est aussi l'expertise, acquise au fil du temps, de diverses questions sur lesquelles elle est plus précisément positionnée qui renforce sa légitimité. HI pour les mines antipersonnel, MSF quant à l'accès aux médicaments, Oxfam sur le coton africain.

• Pour la/les mêmes ONG dans les domaines du *lobbying* ou de l'*advocacy* ou pour d'autres qui agissent uniquement sur ce plan, c'est leur capacité à la fois à élaborer un projet, à le porter, à obtenir le soutien de citoyens individuellement, de groupes sociaux, de partis politiques, d'institutions, d'entreprises, d'OI, de médias, pour le faire aboutir, qui est facteur constitutif de légitimité. Pour le dire autrement, il s'agit de la capacité de mobilisation, combinée avec le résultat obtenu.

Deux éléments vont compléter et renforcer cette légitimité fonctionnelle :

• Le degré d'ancrage dans la société (qu'on la qualifie ou non de « civile ») : même s'il est délicat à mesurer, il ne doit pas non plus être négligé. Comment qualifier d'« illégitime » une ONG qui dispose d'un nombre respectable d'adhérents ? Ainsi que, pour certaines, d'un fort réseau de militants, de sympathisants et/ou de relais locaux ? Ou encore qui bénéficie du soutien de centaines de milliers, voire de millions de donateurs ? Même si le geste du « don » relève d'un registre complexe, avec des degrés dans les motivations et l'implication de donateurs aussi divers que variés, il n'est pas niable qu'un pourcentage non négligeable appuie spécifiquement cette ONG et non une autre, lui témoigne sa confiance par l'envoi de chèques, de virements, souvent accompagnés de messages d'encouragement ou de soutien.

Cet ancrage dans la société de pays du Nord comme du Sud (lorsqu'elle n'y est pas inexistante ou désarticulée par la répression, un conflit armé) peut soit être transversal, soit concerner des segments professionnels ou sociétaux déterminés. Il rejoint la capacité à rassembler les mêmes, voire d'autres pour des actions de mobilisation citoyenne, de type envoi de cartes postales, adoption de « prisonniers de conscience », pétitions diverses et variées, campagnes sur l'annulation de la dette ou pour l'accès aux soins, contestations du G-8 ou des IFI…

• Les formes de reconnaissance juridique du rôle et de l'influence des ONG :

a) Divers droits internes contiennent des dispositifs qui la manifestent de la part d'États. En France existe ainsi le mécanisme de la « reconnaissance d'utilité publique ». Celle-ci (même si le régime en est à revoir) n'est pas accordée à toutes les associations, ni dans n'importe quelles conditions. Mais, au-delà de l'avantage fiscal pour les donateurs, de l'extension des capacités de l'ONG concernée à recevoir des legs, de l'accroissement de sa notoriété, cette stipulation juridique consacre symboliquement l'association bénéficiaire. D'autres dispositions peuvent être citées comme, par exemple, la capacité reconnue à des ONG d'intervenir en justice au nom de la défense d'intérêts collectifs dont on admet bien ainsi à la fois la pertinence et la capacité de l'association de les porter. Il en va de la sorte, dans de nombreuses législations, de la lutte contre le racisme, la discrimination, le tourisme sexuel, la prostitution enfantine, le travail forcé. La liste s'accroît régulièrement.

b) En droit international, ensuite, la signature et la ratification, par les États, de multiples traités et conventions internationales légitiment aussi juridiquement l'existence et l'action d'ONG. Nombre de ces instruments internationaux contiennent en effet spécifiquement des articles qui peuvent aller de la simple mention du rôle reconnu à des ONG à des développements, parfois très précis, sur la place qui leur est accordée dans la mise en œuvre de tel ou tel dispositif découlant d'un accord international, qu'il s'agisse de la convention d'Ottawa sur les mines antipersonnel, des conventions de Genève et de leurs protocoles additionnels en DIH, du statut de la CPI.

Jacques Lagroye y ajoute les politiques de communication qu'elles mettent en œuvre et la « vedettisation de leurs dirigeants » [*ibid.*, p. 286]. Toutefois, certaines ONG non médiatisées et sans grande notoriété dans l'opinion apparaissent comme disposant pourtant aussi d'une forte légitimité. Ainsi, par exemple, d'Aide et Action dont l'action et les compétences en matière d'éducation de base sont souvent louées.

Quoi qu'il en soit, ces différents facteurs de légitimité gagneraient à être corrélés avec une notion à laquelle il est encore peu recouru dans et hors le milieu ONG : celle de la représentativité. Cette question est depuis longtemps discutée par les politiques à propos des groupes d'intérêts et de leur place dans l'espace public. Braud, qui inclut d'ailleurs dans cette catégorie une ONG comme AI (en la typologisant comme « support d'une cause »), note qu'elle « est aussi fondamentale que fuyante » [2000, p. 308]. Pour la mesurer, il retient trois indicateurs, dont certains recoupent ceux constitutifs de la légitimité. Il s'agit de la notoriété, de la capacité de mobilisation et enfin de la reconnaissance extérieure par les médias ou les pouvoirs publics [*ibid.*], laquelle peut aller jusqu'à une consécration juridique, particulièrement en matière syndicale.

Cette idée n'est donc pas un concept inconnu pour des organisations de la « société civile ». Elle sert notamment à faire une place dans diverses instances consultatives à des associations de défense des consommateurs ou des usagers. Mais, surtout, elle constitue un rouage essentiel, dans le domaine social, de la détermination de la qualité de l'interlocuteur syndical tant des chefs d'entreprise que des pouvoirs publics. Elle fait même l'objet, en France, d'un texte de loi depuis 1968. L'analogie a ses limites évidemment. Il n'est pas envisageable de « décalquer » les critères retenus en matière syndicale sur le monde ONG, mais il faut simplement se demander si cette notion de représentativité ne serait pas un utile complément voire un correctif à celle de légitimité, pour prévenir aussi le risque de voir celle-ci « émiettée et entamée » [Husson, 1998, p. 549].

Ne faut-il pas aussi réinsérer cette problématique de la légitimité dans le surgissement aux côtés de la démocratie représentative (caractérisée par le suffrage) de formes variées de démocratie participative ? Les ONG en constitueraient alors un avatar particulièrement affirmé. Comme le souligne Pierre Jacquet [2002], ces deux modalités du procès de démocratisation n'ont, somme toute, nulle vocation à être vécues de manière antagonique mais, au contraire, dans le registre de l'enrichissement et de l'approfondissement mutuels.

Pour autant, certaines ONG sont critiquables sur le peu de cas qu'elles font de leur propre fonctionnement démocratique, pour éviter, par exemple, une pérennisation indéfinie à leurs postes de leurs dirigeants. Un ex-président latino-américain régulièrement porté au pouvoir par le suffrage universel, puis renversé à l'automne 2003 par de puissantes manifestations de rue s'en est plaint amèrement. Des ONG locales ayant joué un rôle notoire dans sa chute, il observa qu'en vingt-cinq ans de vie politique il avait été, fort démocratiquement, élu trois fois, alors que le président de l'Assemblée permanente des droits de l'homme de son pays occupait son poste depuis le même quart de siècle, sans avoir jamais, lui, vraiment été élu (*Le Monde* du 13 janvier 2004).

Enfin, cette légitimité n'est pas absolue. Même si elle correspond aux référentiels présentés, il peut exister des conflits de légitimité. Ainsi, à la CITES, certains gouvernements et ONG du Sud opposent, à celle d'ONG environnementales du Nord, la légitimité de paysans locaux à exploiter leurs terres et à chasser la grande faune [Constantin, 2000].

Transparence et « gouvernance » associatives

La critique d'opacité, elle aussi, est récurrente [SCPC, 2003]. Mais sa généralisation sans nuance n'est guère plus fondée. Sans verser pour autant dans l'angélisme, les associations les plus significatives (ou peut-être justement les plus représentatives) sont en pratique, en effet, astreintes à une série d'obligations. Qu'il s'agisse des contrôles, tels en France ceux de la Cour des comptes sur les associations collectant des fonds auprès du public et des divers corps administratifs d'inspection ; ou, en Grande-Bretagne, de la Charity Commission. De même que nombre de pays connaissent l'obligation de publication des comptes, de nomination de commissaires aux comptes ou d'auditeurs, avec rapports à la clé... La critique méconnaît ensuite le surgissement d'initiatives d'autorégulation (le Comité de la charte de déontologie des organisations sociales et humanitaires, en France toujours) émanant du milieu associatif lui-même, plus sensibilisé à ces questions aujourd'hui qu'hier. Ces mécanismes complètent et renforcent des dispositions légales déjà existantes. Au plan international enfin, les vérifications de plus en plus tatillonnes des bailleurs publics sur l'utilisation de leurs fonds ont déjà été évoquées.

Vouloir à toute force trier, labelliser ou noter les ONG n'est de toute façon pas neutre. Outre la critique (récurrente mais insuffisante) que pareille démarche briderait la spontanéité et stériliserait l'inventivité, le risque est surtout d'aboutir à une normativité vite contraignante et contre-productive.

Pour autant, le milieu ONG serait mal inspiré, là encore, de refuser ce débat. Des efforts restent certainement à faire dans le domaine de la « gouvernance associative ». À commencer par les ONG dotées d'une influence certaine et visible. Cette exemplification les confronte, plus que d'autres, à des exigences élevées sur ce plan. De même que cette autre catégorie d'acteurs que sont les entreprises transnationales : de bon ou de mauvais gré, elles sont interpellées aujourd'hui par leurs actionnaires, leurs salariés, les producteurs, les consommateurs qui les somment de répondre et de se justifier. Or, une étude sur un processus type de gouvernance, menée en prolongement d'un colloque [1] auprès de quarante-quatre ONG européennes, montre qu'un quart d'entre elles seulement « ont réalisé récemment une formation pour les membres du conseil d'administration » [Bioforce, 2003, p. 46].

1. Colloque Etikuma coorganisé par l'Institut Bioforce Développement de Lyon et le DESS Développement, Coopération internationale et Action humanitaire de Paris-I, sur le thème « Quelle gouvernabilité pour les ONG humanitaires européennes ? » Lyon, décembre 2002.

Dès lors, pour éviter de se voir imposer de l'extérieur de nouvelles règles, ces ONG auraient quelque intérêt à prendre, de façon endogène, des initiatives à ce propos. À défaut, se profile la perspective (à court ou moyen terme) d'une intervention d'agences de notation extérieures ou de classements établis par des bailleurs, voire des médias [Ryfman, 2003].

ONG et société civile

La fortune du concept de « société civile » n'est pas sans influence sur celui d'« ONG ». Mais elle conduit à des raccourcis et des approximations, source de nouvelles confusions. L'existence même de la « société civile » est discutable et discutée. Sa définition d'abord est floue. Le discours dominant outre-Atlantique est ainsi d'y inclure, aux côtés des associations, les entreprises, syndicats, cabinets de conseil… Alors qu'en Europe on estime généralement qu'une telle catégorisation ne fait pas sens [Khilnani, 2001], même si elle gagne du terrain institutionnellement. Ainsi, le traité de Nice, dans son article 257, évoque la « société civile organisée » à propos du nouveau rôle dévolu au Comité économique et social de l'UE. Pourtant, le scepticisme est de mise quant à sa pertinence dans le champ scientifique. Les critiques soulignent son hétérogénéité et son caractère polysémique, voire sa transformation en quasi-idéologie qui voudrait l'ériger en acteur à part entière de l'imaginaire politique contemporain, en dépit de son caractère élusif [Pouligny, 2001]. D'autres insistent sur l'indifférenciation problématique de l'État et de la société en bien des lieux, particulièrement en Afrique.

À l'opposé, ses partisans soulignent que même si le terme est controversé, il conserve un double mérite. Il souligne en premier lieu, dans les processus de transformation sociale, le caractère insuffisant d'une représentation de la société qui mettrait face à face seulement les États et les entreprises, et donc restreindrait le pouvoir civique au rapport entre les seuls pouvoirs économique et administratif. En outre, il permettrait de rendre compte de l'émergence de nouveaux acteurs, eux-mêmes porteurs de formes renouvelées de mobilisation [Massiah et Vielajus *in* Hessel, 2002]. D'autant que sur le terrain (de l'Europe orientale à l'Afrique de l'Ouest) se constate l'insertion croissante de la notion de société civile dans les registres d'actions sociales et collectives des populations concernées [Pirotte, 2002].

Si l'on crédite dès lors d'une certaine réalité existentielle la « société civile », l'approche (pour éviter tout essentialisme) serait de considérer les ONG comme l'un de ses segments. Segment marqué par un dynamisme très affirmé, qui témoignerait de l'explosion planétaire de l'associatif, parfois qualifiée de « révolution associative globale » [Salamon et Anheier, 1996], en même temps que des registres multiples de l'engagement dans les solidarités et de mobilisations. L'activisme croissant du non-gouvernemental s'expliquerait, dès lors, mieux encore.

Face aux défis d'un monde globalisé

Parallèlement, les contextes d'intervention classique connaissent de plus en plus une « modification radicale » [Brunel, 2002]. Ces « nouveaux gladiateurs » [Toffler, 1993] sont donc enclins à élargir leur domaine d'opérations. D'autant plus facilement aussi que, s'autodécernant leur « mandat », il leur est relativement aisé de le faire évoluer, on l'a vu. Comme maints autres protagonistes de la vie internationale, beaucoup d'ONG sont en effet confrontées aux défis nouveaux d'un monde globalisé [Rubio, 2002]. Les plus significatives vont y répondre non par le repli, mais par une « mondialisation de la réponse », une globalisation de la réplique en quelque sorte. Cette dernière va particulièrement se manifester à travers les nouvelles connexions internationales qu'elles construisent progressivement en propre, simultanément à leur alliance avec d'autres réseaux. Elles bénéficient largement pour ce faire de la dimension nouvelle qu'ont acquise à la fin du XXe siècle les réseaux transnationaux de militantisme [Keck et Sikkink, 1998]. Cette globalisation de la réplique s'inscrit plus profondément dans un processus d'internationalisation (particulièrement flagrant pour beaucoup d'ONG du Nord, mais qui touche aussi le Sud), caractéristique des sociétés contemporaines.

Mais elle répond aussi à des logiques propres. Il s'agit notamment de rechercher une masse critique, de réaliser des économies d'échelle, de diffuser le modèle et la « marque » de l'organisation concernée, d'accroître les potentialités de levée de fonds [Ryfman, 2001]. Siméant relève que la question du contrôle de la « marque », justement, devient cruciale. Ce qui montrerait (contrairement aux apparences) que le processus entretient une parenté avec la mondialisation économique et les stratégies des firmes transnationales — en ce qu'il ne relève pas uniquement, voire pas du tout, de l'ordre d'une « société civile mondiale », mais plus de logiques d'accumulation de ressources [Siméant, 2003].

Cette approche « mondialisée » reposera de plus en plus sur un trépied. La compétence opérationnelle ou la maîtrise d'un domaine, alliées à l'expertise d'abord. Il faut ainsi souligner, avec Jacquet [2002, p. 46], que, « sur nombre de sujets techniques, certaines ONG disposent d'une expertise indispensable à un débat bien informé et à l'exercice d'un contre-pouvoir performant ». La capacité ensuite de mobiliser des soutiens dans les opinions publiques, combinée à l'aptitude au *lobbying* sur les centres de pouvoir, facilité par la sympathie qu'une partie des élites leur témoigne. Enfin, la volonté de construire de nouveaux rapports de force mais aussi de partenariat avec des entreprises transnationales, des OI, des États, corrélée avec la recherche d'une participation à la prise de décision, puis à sa mise en œuvre. Ces partenaires, à commencer par certains États, ne craignent plus aujourd'hui d'afficher leur disponibilité à cet égard. Un haut fonctionnaire du ministère français des Affaires étrangères a qualifié ainsi, publiquement, les ONG de « vrais acteurs de la diplomatie moderne », ajoutant qu'elles peuvent faire « en six mois plus de travail que les diplomates en dix ans de réunions internationales » [*Les Nouvelles de Sud*, 2003, p. 4]. Cependant, une réelle « diplomatie non gouvernementale » ne pourrait se déployer que si, au préalable, ses cibles prioritaires sont identifiées, la nature des interactions recherchées avec les autres acteurs est déterminée, un calendrier d'action est arrêté [*ibid.*, p. 5].

Ces processus ne font toutefois pas l'unanimité. Serge Sur estime ainsi que certaines ONG n'aspireraient qu'« à devenir des partis politiques internationaux, sans légitimité, sans racines et… sans aucune base démocratique ». Il s'élève contre la dépossession des États qui en résulterait [1999, p. 35]. Cohen considère que les États occidentaux voient les ONGI comme faisant « partie du dispositif de politique étrangère quand bien même des désaccords de fond apparaîtraient entre elles et l'État » [2003b, p. 172]. Béatrice Pouligny prône un retour de la réflexion politique dans l'exercice de leurs responsabilités par les ONG [2003]. Badie [2002, p. 270], au contraire, les dépeint positivement en « nouveaux bourgeois internationaux ». Comme les bourgeoisies nationales qui, à partir du XVIIIe siècle, se sont progressivement emparées de la chose publique, les bourgeois d'aujourd'hui « s'emparent des affaires étrangères pour en faire celles de tous… dont on peut — mais aussi dont on doit — débattre ».

Conclusion

L'univers complexe des ONG se prête donc à de multiples approches. Qu'il soit appréhendé à travers le prisme des mouvements sociaux ou celui des relations internationales, sans omettre les apports de la science politique ou de la sociologie des organisations, ni les points de vue historiques, économiques, managériaux, juridiques…, les domaines d'analyse sont vastes et largement ouverts.

Autant dire que la nécessité de mieux comprendre et de clarifier s'impose et doit être poursuivie sans relâche — d'autant que ce champ connaît des évolutions, voire des ruptures à un rythme soutenu. Celles-ci sont directement en lien avec l'environnement dans lequel les ONG se meuvent. Ainsi, la critique dont les droits de l'homme sont aujourd'hui l'objet de tous bords rétroagit sur la stratégie des ONG qui s'en préoccupent.

La déstabilisation profonde du système international, engendrée tout à la fois par le changement d'échelle du terrorisme avec les attentats du 11 septembre 2001, l'affirmation de l'unilatéralisme américain, l'incapacité des États encore à adopter et mettre en œuvre des mesures concrètes de réduction des risques environnementaux, influe pareillement sur les mêmes ONG, ainsi que sur leurs consœurs de développement, humanitaires, d'environnement, d'autres domaines.

Enfin, la vaste contestation de la mondialisation libérale par une série de mouvements et de réseaux les a bousculées dans un premier temps. Mais de plus en plus nombreuses sont celles qui non seulement tissent des connexions avec ce nouveau mouvement social qui se veut planétaire, mais en deviennent un des éléments clés [Losson et Quinio, 2002]. Ainsi, Greenpeace, pour la première fois en 2003, a délaissé le « forum global » de Davos au profit du « forum social mondial » (FSM) de Porto Alegre. De nombreuses ONGI de développement et humanitaires (du CCFD à Oxfam ou MDM) assistent aux FSM, y animent des ateliers, présentent des propositions, sont membres des comités d'organisation. Certaines se sont pareillement impliquées dans les forums sociaux européens (Florence, 2002, Saint-Denis, 2003). Les mêmes participent également à la contestation des grandes réunions internationales du type G-8, assemblées annuelles des IFI, conférences de l'OMC. Elles y animent des « contre-sommets », et se joignent aux manifestations de rue. Quelques-unes comme Oxfam se sont spécialisées dans la confection et la diffusion d'argumentaires techniquement solides. Ce fut particulièrement le cas en septembre 2003 lors de la réunion de l'OMC à Cancún. Sa quinzaine de représentants sur place fournirent dossiers, notes, chiffres à des ONG du Sud, mais aussi à des délégations de pays en voie de développement.

La communauté des ONG françaises de développement et humanitaires paraît vouloir, elle, s'engager dans un processus de construction d'une « organisation internationale des ONG », à la fois réseau et acteur collectif international [Rouillé d'Orfeuil, 2003].

Cette configuration inédite en viendrait-elle à démentir la position partagée par bien des analystes selon laquelle, si les ONG sont porteuses de sens dans un monde qui n'en a guère, leur action ne va pas toutefois « jusqu'au point de le changer » [Roca, 2002, p. 115] ? Certes, la dimension « citoyenne » est en quelque manière consubstantielle à la construction et au cheminement de ce type de structures. Mais n'ouvrirait-elle pas, en ces premières années du troisième millénaire, des perspectives nouvelles, ne serait-ce que par ce passage à l'échelle planétaire ? Non seulement elle pourrait mondialiser la solidarité, mais modifier le positionnement des ONG par rapport aux autres acteurs. À moins qu'elle ne soit aussi annonciatrice de l'émergence d'une « opinion citoyenne mondiale » (*Télérama* du 26 février 2003, à propos des gigantesques manifestations contre une intervention militaire en Irak), à défaut d'une plus improbable « société civile mondiale » ? Ou de la reconstitution d'« internationales » qui cette fois ne seraient plus « politiques », c'est-à-dire regroupant des partis, mais « associationnistes » et, potentiellement donc, plus « citoyennes » ?

Avec ce qu'une telle conjoncture comporte de défis certes stimulants, mais aussi de risques, pour un milieu qui demeure potentiellement fragile. Car les dangers sont réels, comme l'ont montré les dérives, la cacophonie, les comportements aberrants dont le forum d'ONG, organisé parallèlement à la conférence de Durban sur les droits de l'homme en 2001, a été le théâtre.

Dit autrement, la question n'est-elle pas finalement celle de la capacité qu'auraient des ONG (au-delà des aspects opérationnels qui demeurent fondamentaux, pour certaines) à promouvoir une forme de loyauté qui ne « procède plus du registre de la morale [...] [mais d']un principe d'ordre désormais indispensable à la sécurité des échanges de tous les acteurs impliqués dans les relations internationales » [Laroche, 2001, p. 34, 35] ? C'est la vision, en tout cas, d'un Kumi Naidoo (dirigeant de l'ONG sud-africaine Civicus) qui prophétise [2003, p. 11] « un monde où les citoyens et les groupements qu'ils ont choisi d'organiser [seraient] regardés comme de légitimes partenaires [...] par les diverses institutions en charge de la gouvernance ».

Glossaire

ACAT Action des chrétiens pour l'abolition de la torture.
ACF Action contre la faim (F : France).
AI Amnesty International.
AISF Amnesty International-Section française.
APD Aide publique au développement.
CARE Cooperative for Assistance and Relief Everywhere.
CCD Commission Coopération Développement.
CCFD Comité catholique contre la faim et pour le développement.
CDH Commission des droits de l'homme des Nations unies.
CITES Convention sur le commerce international des espèces menacées.
CPI Cour pénale internationale.
CRS Catholic Relief Services.
DIH droit international humanitaire.
ECHO European Commission Humanitarian Office (Office humanitaire de la Commission européenne).
ECOSOC Conseil économique et social des Nations unies.
FIDH Fédération internationale (des ligues) des droits de l'homme.
HCCI Haut-Conseil de la coopération internationale.
HCR Haut-Commissariat des Nations unies pour les réfugiés.
HI Handicap International (F : France)
HRW Human Rights Watch.
IFI institutions financières internationales (Banque mondiale et Fonds monétaire international).
MAE ministère des Affaires étrangères (France).

MDM Médecins du monde (F : France).
MSF Médecins sans frontières (F : France).
NGLS Service de liaison non gouvernemental des Nations unies.
OCDE Organisation de coopération et de développement économiques.
OCHA (United Nations) Office for the Coordination of Humanitarian Affairs (Bureau de coordination des affaires humanitaires des Nations unies).
OI organisation internationale.
OMC Organisation mondiale du commerce.
OMS Organisation mondiale de la santé.
ONGI organisation non gouvernementale internationale.
ONU Organisation des Nations unies.
PU Première Urgence.
RSF Reporters sans frontières.
SCF Save the Children Fund.
SUD Solidarité, Urgence, Développement, ou encore Coordination SUD.
UIA Union of International Associations (Union des associations internationales).
UE Union européenne.
USAID United States Agency for International Development (Agence pour le développement international des États-Unis).
VOICE Voluntary Organizations in Cooperation in Emergencies.
VSF Vétérinaires sans frontières (F : France).

Repères bibliographiques

ABELES M. [2002], *Les Nouveaux Riches*, Paris, Odile Jacob.

ABRAMOVICI P. [2000], « Une ONG contestée », *Le Monde diplomatique*, novembre.

ALEXANIAN V. [2002], « Arménie (1988-1991) : une réponse humanitaire à la conjoncture de catastrophe à l'époque post-soviétique », Paris, thèse EPHE.

ARZELIER M.-P. et COKER C., « L'analyse coût-efficacité appliquée aux actions sanitaires des ONG », *in* DELER [1998].

ASCENSIO H. [2001]« Vers une justice internationale ? » *in* TRONQUOY Ph. (dir.), *La Crise des organisations internationales*, Paris, La Documentation française, « Les Cahiers français », n° 302.

ATTAC [2002], *Tout sur Attac 2002*, Paris, Mille et Une Nuits, « Les Petits Libres », n° 38.

BADIE B. [1999], *Un monde sans souveraineté*, Paris, Fayard.

BADIE B. [2002], *La Diplomatie des droits de l'homme*, Paris, Fayard.

BADIE B. et SMOUTS M.-C. [1999], *Le Retournement du monde*, Paris, Dalloz et Presses de la FNSP, 2e éd.

BADIE B. et FARDEAU J.-M. (avec P. BONIFACE) [2003], « La diplomatie des droits de l'homme », *La Revue internationale et stratégique*, n° 50, été.

BANÉGAS R. [2003], *La Démocratie à pas de caméléon*, Paris, Karthala.

BEAUDOUX *et al.* [1992], *Cheminements d'une action de développement. De l'identification à l'évaluation*, Paris, L'Harmattan.

BEC C., DUPRAT C., LUC J.-N. et PETIT J.-G. (dir.) [1994], *Philanthropies et politiques sociales en Europe (XVIIIe-XXe siècle)*, Paris, Anthropos.

BEIGBEDER Y. [1992], *Le Rôle international des organisations non gouvernementales*, Bruxelles, Bruylant.

BELLION-JOURDAN J. [2002a], « Le médecin, le militant et le combattant : figures contemporaines de l'engagement dans la "solidarité islamique" », *Genèses*, n° 48.

BELLION-JOURDAN J. [2002b], « L'humanitaire islamique en question », *Humanitaire*, n° 6.

BENDER A.-F., CADIN L. et SAINT-GINIEZ V. DE [2003], *Carrières nomades*, Paris, Vuibert.

BERNARD A., HELMICH H. et LEHNING P.-B. (dir.) [1998], *La Société civile et le développement international*, Paris, Centre Nord-Sud et OCDE.

BESSET J.-P. [1991], *Amnesty International. La conspiration de l'espoir*, Paris, Éditions du Félin.

BETTATI M. et DUPUY P.-M. (dir.) [1986], *Les ONG et le droit international*, Paris, Economica.

BIERSCHENK T., CHAUVEAU J.-P. et OLIVIER DE SARDAN J.-P. (dir.) [2000], *Courtiers en développement*, Paris, APAD-Karthala.

BIOFORCE [2003], *La Gouvernance des organisations européennes de solidarité internationale. L'exemple du processus décisionnel d'ouverture et de fermeture de missions*, Lyon, Bioforce.

BLACK M. [1992], *A Cause for Our Times, Oxfam the First 50 Years*, Londres, Oxford University Press.

BRADOL J.-H. [2002], « Violences humanitaires, amalgames, petits procureurs et qualité de l'aide », *Messages* (MSF-F), n° 121, juin.

BRAUD Ph. [1996], *L'Émotion en politique*, Paris, Presses de Sciences Po.

BRAUD Ph. [2000], *Sociologie politique*, Paris, LGDJ, 5e éd.

BRAUMAN R. [2000] *Action humanitaire*, Paris, Flammarion, « Dominos », 2e éd.

BRAUMAN R. et BRUNEL S. [2004], « Les ONG et l'Afrique », *Questions internationales*, n° 5, janvier.

BRUNEL S. (dir.) [2001a], *Géopolitique de la faim*, Paris, PUF.

BRUNEL S. [2001b], « L'humanitaire, nouvel acteur des relations internationales », *La Revue internationale et stratégique*, n° 41, printemps.

BRUNEL S. [2002], *Famines et politique*, Paris, Presses de Sciences Po, « La Bibliothèque du citoyen ».

BRUNEL S. [2003], *Frontières* (roman), Paris, Denoël.

BUHRER J.-C. et LEVENSON C.-B. [2003], *L'ONU contre les droits de l'homme ?* Paris, Mille et Une Nuits.

BUIRETTE P. [1996], *Le Droit international humanitaire*, Paris, La Découverte, « Repères », n° 196.

CAILLÉ A., CHANIAL Ph., DACHEUX E., EME B., LATOUCHE S. et LAVILLE J.-L. [2001], *Association, démocratie et société civile*, Paris, La Découverte-MAUSS-CRIDA.

CCD [1994], *Table ronde. Évaluer pour évoluer*, Paris, CCD.

CCD [2003], *Argent et organisations de solidarité internationale, 2000/2001*, Paris, CCD.

CCD [2004], *Acteurs de solidarité internationale. Répertoire 2004*, Paris, CCD.

CCFD [1999], *10e Baromètre de la solidarité internationale des Français*, Paris, CCFD.

CCFD [2003], *Les Français face à l'enjeu de la lutte contre la faim dans le monde*, Paris, CCFD.

CERNEA M.-M. [1988], *Non Governmental Organizations and Local Development*, Washington, World Bank Discussions Papers, n° 40.

CHARNOVITZ S. [2002a], « Les ONG : deux siècles et demi de mobilisation », *L'Économie politique*, n° 13.

CHARNOVITZ S. [2002b], *Trade Law and Global Governance*, Londres, Cameron, mai.

CIEDEL [1993], *ONG du Sud. Bibliographie*, Lyon, Ritimo.

COHEN S. [2003a], « Les ONG ont déminé la moitié du terrain », *Alternatives internationales*, n° 6, janvier.

COHEN S. [2003b], *La Résistance des États*, Paris, Seuil, « L'Épreuve des faits ».

COLLOVALD A. (dir.), avec LECHIEN M.-H., ROZIER S. et WILLEMEZ L. [2002], *L'Humanitaire ou le Management des dévouements*, Rennes, Presses universitaires de Rennes, « Res Publica ».

COMMISSARIAT GÉNÉRAL DU PLAN [2002], *L'État et les ONG : pour un partenariat efficace*, Rapport du groupe « Pour un nouveau partenariat entre les OSI et les pouvoirs publics », Paris, La Documentation française.

COMTE E. [2001], « Les ONG risquent de perdre leur âme si elles ne limitent pas leur champ de compétences », Bruxelles, *Revue des questions humanitaires*, été.

CONDAMINES C. [1989], *L'Aide humanitaire entre la politique et les affaires*, Paris, L'Harmattan.

CONSEIL D'ÉTAT [2000], *Rapport public 2000. Les associations et la loi de 1901, cent ans après*, Paris, La Documentation française.

CONSTANTIN F. [2000], « L'humanité, l'éléphant et le paysan », *Critique internationale*, n° 9, octobre.

COORDINATION SUD [2003], *Rapport d'activité 2002*, Sud.

CORDELLIER S. [2002], « Action humanitaire : démythifier les ONG », *Alternatives internationales*, n° 2, mai.

CRETTIEZ X. et SOMMIER I. (dir.) [2002] *La France rebelle*, Paris, Éditions Michalon.

DAUVIN P. et SIMÉANT J. [2002], *Le Travail humanitaire. Les acteurs des ONG, du siège au terrain*, Paris, Presses de Sciences Po.

DEBERDT J.-P. [2001], *Guide des métiers de l'humanitaire*, Paris, Vuibert, « Guides ».

DELER J.-P., FAURE Y.-A., PIVETEAU A. et ROCA P.-J. (dir.) [1998], *ONG et développement. Société, économie, politique*, Paris, Karthala.

DEPROST M. [2003], *Équilibre : une faillite humanitaire*, Lyon, Golias.

DESTEXHE A. [1993], *L'Humanitaire impossible ou deux siècles d'ambiguïté*, Paris, Armand Colin.

DEVIN G. [2002], *Sociologie des relations internationales*, Paris,

La Découverte, « Repères », nº 335.

DOUCIN M. (dir.) et HCCI [2000], *Guide de la liberté associative dans le monde. Les législations des sociétés civiles de 138 pays*, Paris, La Documentation française.

DUFOURCQ N. (dir.) [1996], *L'Argent du cœur*, Paris, Hermann, « Savoir cultures ».

EGAN E. [1988], *Catholic Relief Services. The Beginning Years*, New York, CRS.

EME B. [2001], *Les Associations ou Les Tourments de l'ambivalence*, Paris, CRIDA.

GARCIN T. [2002], « Feu les droits de l'homme dans les relations internationales », *Défense nationale*, août-septembre.

GAXIE D. [1977], « Économie des partis et rétributions du militantisme », *Revue française de science politique*.

GHANDOUR A.-R. [2002], *Jihad humanitaire. Enquête sur les ONG islamiques*, Paris, Flammarion.

GRAN I. [2003], *ONG !* (roman), Paris, POL.

GRZYBOWSKI C., [1993] « IBASE, un acteur au service de la démocratisation », *Réseau CID*, nº 1, Montpellier, Solagral.

HARA F. [1997], « La diplomatie parallèle ou la politique de non-indifférence : le cas du Burundi », *Politique africaine*, nº 68, décembre.

HCCI [2002], *Étude sur les relations entre ONG et institutions internationales*, Paris, HCCI.

HCR [2000], *Les Réfugiés dans le monde. Cinquante ans d'action humanitaire*, Genève et Paris, Autrement.

HERLEMONT-ZORITCHAK N. [2002], « Illusions et réalités de l'idéologie humanitaire : les ONG "sans frontières" sont-elles devenues des acteurs de paix [1971-2001] ? », thèse, Université Paris-XI.

HESSEL S. [2002], *Dix pas dans le nouveau siècle*, Paris, Seuil.

HOLZER B. [1994], *Les Leçons de la solidarité, vingt ans au service du CCFD*, Paris, Le Centurion.

HOURS B. [1998a], « ONG et idéologies de la solidarité : du développement à l'humanitaire », *in* DELER.

HOURS B. [1998b], *L'Idéologie humanitaire ou le spectacle de l'altérité perdue*, Paris, L'Harmattan.

HUSSON B. (dir.) [1991], *Recherche pour la diversification et la contractualisation des rapports entre les ONG et les institutions publiques*, Paris, CCD.

HUSSON B., « Les ONG : une légitimité en question », *in* DELER [1998].

HUSSON B. et PIROTTE C. (dir.) [1997], *Entre urgence et développement, pratiques humanitaires en questions*, Paris, Karthala.

INTERACTION [2002], *Member Profiles 2002/2003*, Washington, InterAction.

JACQUET P. [2002], « La contestation de la mondialisation », *L'Économie politique*, nº 13.

JAMES H. [1998], *Les Bostoniennes* (roman), Paris, Gallimard, « Folio ».

JEAN F. [1998], *De l'interétatique au transnational. Les acteurs non étatiques dans les conflits (l'exemple des organisations humanitaires internationales)*, CREST et Fondation pour les études de défense, « Recherche et Documents », n° 5.

KECK M.-E. et SIKKINK K. [1998], *Activists Beyond Borders*, Ithaca, Cornell University Press.

KEOHANE R.-O. et NYE J.-S. (eds) [1972], *Transnational Relations and World Politics*, Cambridge (É.-U.), Harvard University Press.

KHILNANI S. [2001], « La "société civile", une résurgence », *Critique internationale*, n° 10, janvier.

KOSKAS M. [1993], *Albert Schweitzer ou le démon du bien*, Paris, Lattès.

KOUCHNER B. [1991], *Le Malheur des autres*, Paris, Odile Jacob, « Points ».

LAGROYE J. (avec B. FRANCOIS et F. SAWICKI) [2002], *Sociologie politique*, Paris, Presses de Sciences Po et Dalloz, 4e éd.

LANCASTER C. [2000], *Transforming Foreign Aid. United States Assistance in the 21st Century*, Washington, Institute for International Economics.

LAPEYSSONNIE L. [1988], *La Médecine coloniale*, Paris, Seghers.

LAROCHE J. [2000], *Politique internationale*, Paris, LGDJ, 2e éd.

LAROCHE J. (dir.) [2001], *La Loyauté dans les relations internationales*, Paris, L'Harmattan.

LE CARRÉ J. [2001], *La Constance du jardinier* (roman), Paris, Seuil.

LENA Ph., « Les ONG au Brésil, une histoire singulière », *in* LUSOTOPIE [2002].

LEWIN A.-Y. et STEPHENS C.-V. [1993], « Designing Post-Industrial Organizations : Combining Theory and Practice », *in* HUBER G.-P. et GLICK W.-H. (eds), *Organization Change and Redesign*, Oxford, Oxford University Press.

LOSSON C. et QUINIO P. [2002], *Génération Seattle. Les rebelles de la mondialisation*, Paris, Grasset.

LUSOTOPIE [2002], *Les ONG en Lusophonie : terrains et débats*, Paris, Karthala.

MCALLISTER I. [1993], *Sustaining Relief with Development*, Dordrecht, Martinus Nijhoff Publishers.

MABILLE F. [1999], *Le CCFD, de 1959 à 1969. Genèse et institutionnalisation d'une ONG*, Paris, Éditions CCFD.

MARADEIX M.-S. [1990], *Les ONG américaines en Afrique*, Paris, Syros-Alternatives, « Les Ateliers du développement ».

MARCUSSEN H.-S., « Les ONG et la construction de la société civile dans les pays en développement », *in* DELER [1998].

MARRET J.-L. [2001], *La Fabrication de la paix. Nouveaux conflits, nouveaux acteurs, nouvelles méthodes*, Paris, Ellipses et FRS.

MASSIAH G. et VIELAJUS J.-L., « Dix dialogues sur la

coopération au développement », *in* HESSEL [2002].

MÉNARD R. [2001], *Ces Journalistes que l'on veut faire taire. L'étonnante aventure de Reporters sans frontières*, Paris, Albin Michel.

MERLE M. [1982], *Sociologie des relations internationales*, Paris, Dalloz, 3e éd.

MESNARD Ph. [2002], *La Victime écran, la représentation humanitaire en question*, Paris, Textuel, « La Discorde ».

Messages, [1997], MSF-F, novembre.

MESSICA F. [1989], *Les Bonnes Affaires de la charité*, Paris, Plon.

MEYER D. [2001], « ONG : une catégorie juridique introuvable. Une définition utilitaire. Réflexions sur une définition en droit des ONG », communication au colloque « ONG et action humanitaire : entre militantisme transnational et action publique », La Rochelle, avril.

MINC A. [2002], *Épîtres à nos nouveaux maîtres*, Paris, Grasset.

MINTZBERG H. [1984], *Structure et dynamique des organisations*, Paris, Les Éditions d'Organisation.

MITLIN D., « Le secteur des ONG : son rôle dans le renforcement de la société civile et dans la garantie d'une bonne gestion des affaires publiques », *in* BERNARD [1998].

NAIDOO K. [2003], *Civil Society, Governance and Globalization*, Washington, World Bank Presidential Fellows Lecture, février.

NELSON P. [1995], *The World Bank and NGOs : The Limits of a Political Development*, New York, Saint-Martin's Press.

NEVEU E. [2002], *Sociologie des mouvements sociaux*, Paris, La Découverte, « Repères », 3e éd.

NICOLAS G. [1992/1993], « De l'usage des victimes dans les stratégies politiques contemporaines », *Cultures et conflits* (8), hiver.

Nouvelles de Sud (Les) [2003], « ONG, les nouveaux diplomates ! », n° 89, juillet.

PÉROUSE DE MONTCLOS M. [2001], *L'Aide humanitaire, aide à la guerre ?*, Bruxelles, Éditions Complexe, « Enjeux du XXIe siècle ».

PERROULAZ G., « Comparaison internationale des flux d'aide privée : faits et chiffres », *in* DELER [1998].

PIROTTE G. [2002], « L'invention des sociétés civiles en Europe de l'Est (Roumanie) et en Afrique subsaharienne (Bénin) », thèse, université de Liège.

PIVETEAU A., « Pour une analyse économique des ONG », *in* DELER [1998].

POULIGNY B. [2001], « Une société civile internationale » et « Acteurs et enjeux d'un processus équivoque », *Critique internationale*, n° 13, octobre.

POULIGNY B. [2003], « L'humanitaire non gouvernemental face à la guerre », *Politique étrangère*, n° 2.

PROJET SPHÈRE (Le) [2000], *Charte humanitaire et normes minimales à respecter lors des interventions en cas de catastrophe*,

Oxford, The Sphere Project and Oxfam Publishing.

RAGUIN G. et MARTY-LAVAUZELLE A. (dir.) [2002], « Le sida saisi par les ONG », *Humanitaire*, nº 6.

RAVIGNAN A. DE [2003], « Greenpeace sur le front de la négo. » *Alternatives internationales*, nº 6.

REBELLE B. [2002], *La Terre n'est pas à vendre* (entretiens avec Ph. Demenet), Paris, Desclée de Brouwer.

RISSE-KAPPEN T. (ed.) [1995], *Bringing Transnational Relations Back in Non-state Actor, Domestic Structures and International Institutions*, Cambridge, Cambridge University Press.

RIST G. [2001], *Le Développement. Histoire d'une croyance occidentale*, Paris, Presses de Sciences Po, 2e éd.

ROCA P.-J. [2002], « Les ONG sont porteuses de sens, mais... » *in* CORDELLIER S. (dir.), *Le Nouvel État du monde. Les idées-forces pour comprendre les nouveaux enjeux internationaux*, Paris, La Découverte, 2e éd.

ROCHE J.-J. [1999], *Relations internationales*, Paris, LGDJ.

ROCHE J.-J. [2003], *Les Vautours blancs* (roman), Paris, Stock.

ROSENAU J.-M. [1990], *Turbulence in World Politics*, New York, Princeton University Press.

ROSOUX V. [2002], « La "diplomatie morale" de la Belgique à l'épreuve », *Critique internationale*, nº 15, avril.

ROUILLÉ D'ORFEUIL H. [2001], *La Solidarité internationale dans un monde en voie de globalisation*, note pour le groupe OSI, Commissariat général du Plan.

ROUILLÉ D'ORFEUIL H. [2003], « Les ONG dans le débat et la négociation internationale », *Les Nouvelles de SUD*, nº 89, juillet.

RUBIO F. [2002], *Les ONG acteurs de la mondialisation*, La Documentation française, « Problèmes politiques et sociaux », nº 877.

RUFIN J.-C. [1993], *Le Piège, quand l'aide humanitaire remplace la guerre*, Paris, Hachette, « Pluriel », nouv. éd.

RUFIN J.-C. [1999], « Pour l'humanitaire. Dépasser le sentiment d'échec », *Le Débat*, nº 105.

RUFIN J.-C. [2001], *Asmara et les causes perdues*, Paris, Gallimard, « Folio ».

RUFIN J.-C. [2001], *L'Aventure humanitaire*, Paris, Gallimard, « Découvertes », 2e éd.

RYFMAN Ph., « Urgence et développement : spécificité française et préfiguration d'une communauté d'ONG », *in* DELER [1998].

RYFMAN Ph. [1999], *La Question humanitaire*, Paris, Ellipses.

RYFMAN Ph. [2000], « Les codes de conduite : une "normalisation" de l'aide humanitaire ? », *Humanitaire*, nº 1.

RYFMAN Ph. [2001], *L'Action humanitaire*, Paris, La Documentation française, « Problèmes politiques et sociaux », nº 864.

RYFMAN Ph. [2001], « Carences et succès du processus d'internationalisation des ONG françaises », Bruxelles, *Revue des questions humanitaires*, été.

RYFMAN Ph. [2003], « Il est temps pour les ONG d'aborder la question de la gouvernance », Bruxelles, *Revue des questions humanitaires*, hiver.

SALAMÉ G. [1996], *Appels d'empire*, Paris, Fayard.

SALAMON L. et ANHEIER H.-K. [1996], *The Emerging Sector : the Non-Profit Sector in Comparative Perspective ; an Overview*, Manchester, Manchester University Press.

SARRASIN B. [2002], « Élaboration et mise en œuvre du plan d'Action Environnemental à Madagascar (1987-2001), construction et problèmes d'une politique publique », thèse, université Paris-I.

SCPC (Service central de prévention de la corruption) [2003], *Rapport 2002*, Paris, Les Éditions des journaux officiels.

SENARCLENS P. DE [2000], *La Politique internationale*, Paris, Armand Colin, 3e éd.

SENARCLENS P. DE [2001], *La Mondialisation*, Paris, Armand Colin, 2e éd.

SIMÉANT J. [2003], « Une mondialisation du sans-frontiérisme humanitaire ? » *in* LAROCHE J. (dir.), *Mondialisation et gouvernance mondiale*, Paris, Iris-PUF.

SMILLIE I. [2002], « La montée de l'ONG transnationale », *in* CONOIR Y. et VERNA G. (dir.), *L'Action humanitaire du Canada*, Montréal, Les Presses de l'université Laval.

SMOUTS M.-C. (dir.) [1998], *Les Nouvelles Relations internationales. Pratiques et théories*, Paris, Presses de Sciences Po.

SMOUTS M.-C., BATTISTELLA D. et VENNESSON P. [2003], *Dictionnaire des relations internationales*, Paris, Dalloz.

SOULET M.-H. (dir.) [1999], *Urgence, souffrance, misère, Lutte humanitaire ou politique sociale ?*, Fribourg, Éditions universitaires de Fribourg.

SOUZA H. DE [1993], « Les ONG brésiliennes dans les années 1990 », *Réseau CID*, n° 1, Montpellier, Solagral.

SUR S. [1999], « La convention de Rome entre ONG et Conseil de sécurité », *Revue générale de droit international public*, janvier.

THIAUDIÈRE C. [2002a], « Petite histoire politique d'un univers d'engagements », *Humanitaire*, n° 6.

THIAUDIÈRE C. [2002b], *Sociologie du sida*, Paris, La Découverte, « Repères ».

TOFFLER A. [1993], *Les Nouveaux Pouvoirs*, Paris, Le Livre de Poche.

VACCARO A. [1995], « Le financement des ONG humanitaires », *Revue française de finances publiques*, n° 52.

VÉDRINE H. [2000], *Les Cartes de la France à l'heure de la mondialisation*, Paris, Fayard.

VERGÈS F. [2001], *Abolir l'esclavage : une utopie coloniale. Les ambiguïtés d'une politique humanitaire*, Paris, Albin Michel.

WEF (World Economic Forum) [2002], « Trust Will Be the Challenge of 2003 », Genève, *Press Release*, 8 novembre.

WEF (World Economic Forum) [2003], « Declining Public Trust Foremost a Leadership Problem », Genève, *Press Release*, 14 janvier.

WEISS T.-G. et GORDENKER L. (eds) [1996], *NGOs, the UN and Global Governance*, Boulder, Lynne Rienner.

WILLETS P. (ed.) [1982], *Pressure Group in the Global System. The Transnational Relations of Issue Oriented Non-Governmental Organization*, Londres, Pinter.

WILLETS P. [1996], *The Conscience of the World. The Influence of NGOs in the UN System*, Londres, C. Hurst.

WILLETS P. [2002], « What is a Non-Governmental Organization ? » *in Encyclopaedia of Life Support Systems (Developed under the Auspices of Unesco)*, Oxford, EOLSS Publishers [disponible uniquement pour cet article en version en ligne : *www.eolss.net*].

WOOD A. (ed.) [2001], *Evaluating Humanitarian Action*, Londres, Zed Books.

WOODS A. [2000], *Les ONG européennes actives dans le domaine du développement. État des lieux*, Paris, OCDE, « Études du Centre de développement ».

ZIMET J. [2003], « Les ONG américaines et leur administration dans le contexte de la crise irakienne : les liaisons infructueuses », *Humanitaire*, n° 8.

Repères Internet

ACAT : *www.acat.fr*
ACF-F : *www.acf-fr.org*
Agir Ici : *www.agirici.org*
Aide et Action : *www.aide-et-action.org*
Amis de la Terre : *www.amisdelaterre.org*
AISF : *www.amnesty.asso.fr*
AI-secrétariat international : *www.amnesty.org*
Banque asiatique de développement (centre pour les ONG) : *www.adb.org/NGOs*
Banque mondiale : *www.worldbank.org/ngos*
Campagne internationale pour l'interdiction des mines antipersonnel : *www.icbl.org*
Care : *www.care.org*
CCFD : *www.ccfd.asso.fr*
CIPSI : *www.cipsi.it*
Civicus : *www.civicus.org*
Concord : *www.concord.org*
CONGD : *www.congde.org*
Coordination SUD : *www.coordinationsud.org*
Douleurs sans frontières : *www.-douleurs-sans-frontieres.org*
ECHO : *http://europa.eu.int/comm/echo*
ECOSOC : *www.un.org/french/esa/coordination/ngo*
ENDA : *www.globenet.org.enda*
EuropeAid : *europa.eu.int/comm/europeaid/index_en.htm*
FIDH : *www.fidh.org*
FOCSIV : *www.focsiv.it*
Frères des hommes : *www.france-fdh.org*
Global Compact : *www.un-global.compact.org*
Greenpeace (Secrétariat international) : *www.greenpeace.org*
Greenpeace-France : *www.greenpeace.fr*
HI-F : *www.handicap-international.org*
HCCI : *www.cooperation-internationale.gouv.fr*
Human Rights Watch : *www.hrw.org*
IBASE : *www.ibase.org.br*
InterAction : *www.interaction.org*
MAE/MCNG (Mission pour la coopération non gouvernementale) : *www.diplomatie.gouv.fr/cooperation/dgcid/publications/osi_finance/index.html*
MDM-F : *www.medecinsdumonde.org*
MSF-F : *www.paris.msf.org*

NGLS :
www.ngls.tad.ch/about.html
OCHA : *www.reliefweb.int*
Oxfam : *www.oxfam.org.uk*
Patrimoine sans frontières :
www.patrimsf.org
Penal Reform International :
www.penalreform.org
PU : *www.premiere-urgence.org*
Reporters sans frontières :
www.rsf.fr
Secours catholique/Caritas-France :
www.secours-catholique.asso.fr
Sierra Club : *www.sierraclub.org*
Solidarités : *www.solidarites.org*
Terre des hommes :
www.terredeshommes.asso.fr
Third World Network :
www.twnside.org.sg
Transparency International :
www.transparency.org
UIA : *www.uia.org/homeorg.htm*
VSF-F : *www.vsf-France.org*
Voice : *www.ngovoice.org*
World Vision : *www.wvi.org*

Table

Introduction 3

I / Une histoire déjà ancienne 8
Origines religieuses et philosophiques 8
Premiers terrains 10
Élan associatif 10
Guerres, colonisation et démocratie 10
Expansion planétaire au XXe siècle 13
Les deux guerres mondiales 13
Tiers monde, sans-frontiérisme et droits de l'homme 14
Catégories cibles, environnement et montée du Sud 15
Encadrés : L'abolition de l'esclavage, 11. – Le « sans-frontiérisme », 15.

II / Un terme ambigu pour une réalité difficile à cerner 17
Des AI aux ONG 18
Un spectre large de définitions 19
La perspective des juristes 20
Le point de vue des sociologues et politiques internationalistes 23
L'optique des économistes 24
La thèse de la délimitation par domaines 25
Conception extensive ou restrictive 25
Domaines principaux 26
La méthode du faisceau de caractéristiques 28

Encadrés : La Convention 124 du Conseil de l'Europe, 21. – Cinq éléments caractérisant les ONG, 29.

III / Un activisme en forte croissance 31
Réappropriation générale et planétaire 31
Difficile dénombrement 33
Encadré : Le modèle cyclique de Charnovitz, 33.

IV / Trois domaines d'élection en constante évolution 36
Développement et humanitaire 36
Quatre principales questions 38
Environnement 44
Cinq traits dominants 45
Droits de l'homme/droits humains 47

V / Des champs nouveaux à investir 50
Diversification des causes 50
Multiples terrains 55
Encadré : Les ONG du Sud, 54.

VI / De la diversification des financements à une concurrence accrue 56
Argent public 56
Fonds publics nationaux 56
Financements internationaux 58
Fonds privés 59
Des opérateurs économiques devenus conséquents 61
Dépenses 61
Poids économique croissant 63
Ressources humaines 66
Mythes et réalités de la concurrence inter-ONG 66
Encadrés : Ressources de quelques ONG, 60. – Emplois des fonds de quelques ONG, 62. – ONG espagnoles, italiennes et allemandes, 64.

VII / De la sociologie à la gestion : de vastes champs pour la recherche 69
Transnationalisme ou souveraineté 69
Culture de l'engagement et choix individuels complexes 70
Carrières militantes et professionnelles 70

Reconversions militantes 74
Rapport au politique 75
Croissance interne ou externe 78
Histoire d'une idée, de pratiques et d'organisations .. 79
Encadrés : Vers des parcours professionnels ?, 73. – Paradigmes organisationnels, 77.

VIII / Des acteurs de la recomposition d'un monde globalisé 81
Des opinions publiques favorables 81
Une institutionnalisation progressive des rapports avec les OI 83
Octroi d'un statut 83
Autres modalités 85
Des formes de néo-institutionnalisation 87
Coopérations et rivalités avec les OI 89
Partenariats opérationnels 89
Tensions en accentuation 90
Crises récurrentes 91
ONG et construction d'une gouvernance mondiale démocratique 92
Des acteurs essentiels des relations internationales ? . 94
Encadrés : Sondages positifs, 82. – Le statut consultatif auprès de l'ECOSOC, 84.

IX / Des acteurs en question(s) 95
Légitimité et représentativité 95
Transparence et « gouvernance » associatives 99
ONG et société civile 101
Face aux défis d'un monde globalisé 102
Encadrés : Référentiels de construction de la légitimité d'une ONG, 97.

Conclusion 105

Glossaire 108

Repères bibliographiques 110

Repères Internet 119

Collection

R E P È R E S

dirigée par
JEAN-PAUL PIRIOU

avec BERNARD COLASSE, PASCAL COMBEMALE, FRANÇOISE DREYFUS, HERVÉ HAMON, DOMINIQUE MERLLIÉ, CHRISTOPHE PROCHASSON *et* MICHEL RAINELLI

Affaire Dreyfus (L'), n° 141, Vincent Duclert.
Aménagement du territoire (L'), n° 176, Nicole de Montricher.
Analyse financière de l'entreprise (L'), n° 153, Bernard Colasse.
Archives (Les), n° 324, Sophie Cœuré et Vincent Duclert.
Argumentation dans la communication (L'), n° 204, Philippe Breton.
Audit (L'), n° 383, Stéphanie Thierry-Dubuisson.
Balance des paiements (La), n° 359, Marc Raffinot, Baptiste Venet.
Bibliothèques (Les), n° 247, Anne-Marie Bertrand.
Bourse (La), n° 317, Daniel Goyeau et Amine Tarazi.
Budget de l'État (Le), n° 33, Maurice Baslé.
Calcul des coûts dans les organisations (Le), n° 181, Pierre Mévellec.
Calcul économique (Le), n° 89, Bernard Walliser.
Capitalisme financier (Le), n° 356, Laurent Batsch.
Capitalisme historique (Le), n° 29, Immanuel Wallerstein.
Catégories socioprofessionnelles (Les), n° 62, Alain Desrosières et Laurent Thévenot.
Catholiques en France depuis 1815 (Les), n° 219, Denis Pelletier.
Chômage (Le), n° 22, Jacques Freyssinet.
Chronologie de la France au XXe siècle, n° 286, Catherine Fhima.
Collectivités locales (Les), n° 242, Jacques Hardy.
Commerce international (Le), n° 65, Michel Rainelli.
Comptabilité anglo-saxonne (La), n° 201, Peter Walton.
Comptabilité en perspective (La), n° 119, Michel Capron.
Comptabilité nationale (La), n° 57, Jean-Paul Piriou.
Concurrence imparfaite (La), n° 146, Jean Gabszewicz.
Conditions de travail (Les), n° 301, Michel Gollac et Serge Volkoff.
Consommation des Français (La) : **1.** n° 279 ; **2.** n° 280, Nicolas Herpin et Daniel Verger.
Constitutions françaises (Les), n° 184, Olivier Le Cour Grandmaison.
Construction européenne (La), n° 326, Guillaume Courty et Guillaume Devin.
Contrôle budgétaire (Le), n° 340, Nicolas Berland.
Contrôle de gestion (Le), n° 227, Alain Burlaud, Claude J. Simon.
Coût du travail et emploi, n° 241, Jérôme Gautié.
Critique de l'organisation du travail, n° 270, Thomas Coutrot.
Culture de masse en France (La) : **1. 1860-1930**, n° 323, Dominique Kalifa.
Démocratisation de l'enseignement (La), n° 345, Pierre Merle.
Démographie (La), n° 105, Jacques Vallin.
Développement économique de l'Asie orientale (Le), n° 172, Éric Bouteiller et Michel Fouquin.
DOM-TOM (Les), n° 151, Gérard Belorgey et Geneviève Bertrand.
Droits de l'homme (Les), n° 333, Danièle Lochak.
Droit du travail (Le), n° 230, Michèle Bonnechère.
Droit international humanitaire (Le), n° 196, Patricia Buirette.
Droit pénal, n° 225, Cécile Barberger.
Économie bancaire, n° 268, Laurence Scialom.
Économie britannique depuis 1945 (L'), n° 111, Véronique Riches.
Économie chinoise (L'), n° 378, Françoise Lemoine.
Économie de l'Afrique (L'), n° 117, Philippe Hugon.
Économie de l'environnement, n° 252, Pierre Bontems et Gilles Rotillon.
Économie de l'euro, n° 336, Agnès Benassy-Quéré et Benoît Cœuré.
Économie française 2003 (L'), n° 357, OFCE.
Économie de l'innovation, n° 259, Dominique Guellec.
Économie de la connaissance (L'), n° 302, Dominique Foray.
Économie de la culture (L'), n° 192, Françoise Benhamou.
Économie de la distribution, n° 372, Marie-Laure Allain et Claire Chambolle.
Économie de la drogue (L'), n° 213, Pierre Kopp.
Économie de la presse, n° 283, Patrick Le Floch et Nathalie Sonnac.
Économie de la propriété intellectuelle, n° 375, François Lévêque et Yan Ménière.

Économie de la réglementation (L'), n° 238, François Lévêque.
Économie de la RFA (L'), n° 77, Magali Demotes-Mainard.
Économie des États-Unis (L'), n° 341, Hélène Baudchon et Monique Fouet.
Économie des fusions et acquisitions, n° 362, Nathalie Coutinet et Dominique Sagot-Duvauroux.
Économie des inégalités (L'), n° 216, Thomas Piketty.
Économie des logiciels, n° 381, François Horn.
Économie des organisations (L'), n° 86, Claude Menard.
Économie des relations interentreprises (L'), n° 165, Bernard Baudry.
Économie des réseaux, n° 293, Nicolas Curien.
Économie des ressources humaines, n° 271, François Stankiewicz.
Économie du droit, n° 261, Thierry Kirat.
Économie du Japon (L'), n° 235, Évelyne Dourille-Feer.
Économie du sport (L'), n° 309, Jean-François Bourg et Jean-Jacques Gouguet.
Économie et écologie, n° 158, Frank-Dominique Vivien.
Économie marxiste du capitalisme, n° 349, Gérard Duménil et Dominique Lévy.
Économie mondiale 2004 (L'), n° 371, CEPII.
Économie politique internationale, n° 367, Christian Chavagneux.
Économie postkeynésienne (L'), n° 384, Marc Lavoie.
Économie sociale (L'), n° 148, Claude Vienney.
Emploi en France (L'), n° 68, Dominique Gambier et Michel Vernières.
Employés (Les), n° 142, Alain Chenu.
Ergonomie (L'), n° 43, Maurice de Montmollin.
Éthique dans les entreprises (L'), n° 263, Samuel Mercier.
Éthique économique et sociale, n° 300, Christian Arnsperger et Philippe Van Parijs.
Étudiants (Les), n° 195, Olivier Galland et Marco Oberti.
Évaluation des politiques publiques (L'), n° 329, Bernard Perret.
Féminin, masculin, n° 389, Michèle Ferrand.
FMI (Le), n° 133, Patrick Lenain.
Fonction publique (La), n° 189, Luc Rouban.
Formation professionnelle continue (La), n° 28, Claude Dubar.
France face à la mondialisation (La), n° 248, Anton Brender.
France face aux marchés financiers (La), n° 385, Anton Brender.
Front populaire (Le), n° 342, Frédéric Monier.
Gestion financière des entreprises (La), n° 183, Christian Pierrat.
Gouvernance de l'entreprise (La), n° 358, Roland Perez.
Grandes économies européennes (Les), n° 256, Jacques Mazier.
Guerre froide (La), n° 351, Stanislas Jeannesson.
Histoire de l'administration, n° 177, Yves Thomas.
Histoire de l'Algérie coloniale, 1830-1954, n° 102, Benjamin Stora.
Histoire de l'Algérie depuis l'indépendance,
1. 1962-1988, n° 316, Benjamin Stora.
Histoire de l'Europe monétaire, n° 250, Jean-Pierre Patat.
Histoire du féminisme, n° 338, Michèle Riot-Sarcey.
Histoire de l'immigration, n° 327, Marie-Claude Blanc-Chaléard.
Histoire de l'URSS, n° 150, Sabine Dullin.
Histoire de la guerre d'Algérie, 1954-1962, n° 115, Benjamin Stora.
Histoire de la philosophie, n° 95, Christian Ruby.
Histoire de la société de l'information, n° 312, Armand Mattelart.
Histoire de la sociologie :
1. Avant 1918, n° 109,
2. Depuis 1918, n° 110,
Charles-Henry Cuin et François Gresle.
Histoire de la Turquie contemporaine, n° 387, Hamit Bozarslan.
Histoire des États-Unis depuis 1945 (L'), n° 104, Jacques Portes.
Histoire des idées politiques en France au XIXe siècle, n° 243, Jérôme Grondeux.
Histoire des idées socialistes, n° 223, Noëlline Castagnez.
Histoire des théories de l'argumentation, n° 292, Philippe Breton et Gilles Gauthier.
Histoire des théories de la communication, n° 174, Armand et Michèle Mattelart.
Histoire du Maroc depuis l'indépendance, n° 346, Pierre Vermeren.
Histoire du Parti communiste français, n° 269, Yves Santamaria.
Histoire du parti socialiste, n° 222, Jacques Kergoat.
Histoire du radicalisme, n° 139, Gérard Baal.
Histoire du travail des femmes, n° 284, Françoise Battagliola.
Histoire politique de la IIIe République, n° 272, Gilles Candar.

Histoire politique de la IVe République, nº 299, Éric Duhamel.
Histoire sociale du cinéma français, nº 305, Yann Darré.
Incertitude dans les théories économiques, nº 379, Nathalie Moureau et Dorothée Rivaud-Danset.
Industrie française (L'), nº 85, Michel Husson et Norbert Holcblat.
Inflation et désinflation, nº 48, Pierre Bezbakh.
Insécurité en France (L'), nº 353, Philippe Robert.
Introduction à Keynes, nº 258, Pascal Combemale.
Introduction à l'économie de Marx, nº 114, Pierre Salama et Tran Hai Hac.
Introduction à l'histoire de la France au XXe siècle, nº 285, Christophe Prochasson.
Introduction à la comptabilité d'entreprise, nº 191, Michel Capron et Michèle Lacombe-Saboly.
Introduction à la macroéconomie, nº 344, Anne Épaulard et Aude Pommeret.
Introduction à la microéconomie, nº 106, Gilles Rotillon.
Introduction à la philosophie politique, nº 197, Christian Ruby.
Introduction au droit, nº 156, Michèle Bonnechère.
Introduction aux *Cultural Studies*, nº 363, Armand Mattelart et Érik Neveu.
Introduction aux sciences de la communication, nº 245, Daniel Bougnoux.
Introduction aux théories économiques, nº 262, Françoise Dubœuf.
Islam (L'), nº 82, Anne-Marie Delcambre.
Jeunes (Les), nº 27, Olivier Galland.
Jeunes et l'emploi (Les), nº 365, Florence Lefresne.
Judaïsme (Le), nº 203, Régine Azria.
Lexique de sciences économiques et sociales, nº 202, Jean-Paul Piriou.
Libéralisme de Hayek (Le), nº 310, Gilles Dostaler.
Macroéconomie. Investissement (L'), nº 278, Patrick Villieu.
Macroéconomie. Consommation et épargne, nº 215, Patrick Villieu.
Macroéconomie financière :
1. **Finance, croissance et cycles**, nº 307,
2. **Crises financières et régulation monétaire**, nº 308, Michel Aglietta.
Management de projet (Le), nº 377, Gilles Garel.
Management de la qualité (Le), nº 315, Michel Weill.
Management international (Le), nº 237, Isabelle Huault.
Marchés du travail en Europe (Les), nº 291, IRES.
Mathématiques des modèles dynamiques, nº 325, Sophie Jallais.
Médias en France (Les), nº 374, Jean-Marie Charon.
Méthode en sociologie (La), nº 194, Jean-Claude Combessie.
Méthodes de l'intervention psychosociologique (Les), nº 347, Gérard Mendel et Jean-Luc Prades.
Méthodes en sociologie (Les) : l'observation, nº 234, Henri Peretz.
Métiers de l'hôpital (Les), nº 218, Christian Chevandier.
Microéconomie des marchés du travail, nº 354, Pierre Cahuc, André Zylberberg.
Mobilité sociale (La), nº 99, Dominique Merllié et Jean Prévot.
Modèles productifs (Les), nº 298, Robert Boyer et Michel Freyssenet.
Modernisation des entreprises (La), nº 152, Danièle Linhart.
Mondialisation de la culture (La), nº 260, Jean-Pierre Warnier.
Mondialisation de l'économie (La) :
1. **Genèse**, nº 198,
2. **Problèmes**, nº 199, Jacques Adda.
Mondialisation et l'emploi (La), nº 343, Jean-Marie Cardebat.
Monnaie et ses mécanismes (La), nº 295, Dominique Plihon.
Multinationales globales (Les), nº 187, Wladimir Andreff.
Notion de culture dans les sciences sociales (La), nº 205, Denys Cuche.
Nouveau capitalisme (Le), nº 370, Dominique Plihon.
Nouveau système français de protection sociale (Le), nº 382, Jean-Claude Barbier et Bruno Théret.
Nouvelle constitution européenne (La), nº 380, Jacques Ziller.
Nouvelle économie (La), nº 303, Patrick Artus.
Nouvelle économie chinoise (La), nº 144, Françoise Lemoine.
Nouvelle histoire économique de la France contemporaine :
1. **L'économie préindustrielle (1750-1840)**, nº 125, Jean-Pierre Daviet.
2. **L'industrialisation (1830-1914)**, nº 78, Patrick Verley.
3. **L'économie libérale à l'épreuve (1914-1948)**, nº 232, Alain Leménorel.
4. **L'économie ouverte (1948-1990)**, nº 79, André Gueslin.
Nouvelle microéconomie (La), nº 126, Pierre Cahuc.
Nouvelle théorie du commerce international (La), nº 211, Michel Rainelli.
Nouvelles théories de la croissance (Les), nº 161, Dominique Guellec et Pierre Ralle.

Nouvelles théories du marché du travail (Les), nº 107, Anne Perrot.
ONU (L'), nº 145, Maurice Bertrand.
ONG (Les), nº 386, Philippe Ryfman.
Organisation mondiale du commerce (L'), nº 193, Michel Rainelli.
Outils de la décision stratégique (Les) :
1 : Avant 1980, nº 162,
2 : Depuis 1980, nº 163, José Allouche et Géraldine Schmidt.
Personnes âgées (Les), nº 224, Pascal Pochet.
Philosophie de Marx (La), nº 124, Étienne Balibar.
Pierre Mendès France, nº 157, Jean-Louis Rizzo.
Politique de la concurrence (La), nº 339, Emmanuel Combe.
Politique de la famille (La), nº 352, Jacques Commaille, Pierre Strobel et Michel Villac.
Politiques de l'emploi et du marché du travail (Les), nº 373, DARES.
Politique étrangère de la France depuis 1945 (La), nº 217, Frédéric Bozo.
Politique financière de l'entreprise (La), nº 183, Christian Pierrat.
Population française (La), nº 75, Jacques Vallin.
Population mondiale (La), nº 45, Jacques Vallin.
Postcommunisme en Europe (Le), nº 266, François Bafoil.
Presse des jeunes (La), nº 334, Jean-Marie Charon.
Presse magazine (La), nº 264, Jean-Marie Charon.
Presse quotidienne (La), nº 188, Jean-Marie Charon.
Protection sociale (La), nº 72, Numa Murard.
Protectionnisme (Le), nº 322, Bernard Guillochon.
Protestants en France depuis 1789 (Les), nº 273, Rémi Fabre.
Psychanalyse (La), nº 168, Catherine Desprats-Péquignot.
Quel avenir pour nos retraites ?, nº 289, Gaël Dupont et Henri Sterdyniak.
Question nationale au XIXe siècle (La), nº 214, Patrick Cabanel.
Régime de Vichy (Le), nº 206, Marc Olivier Baruch.
Régime politique de la Ve République (Le), nº 253, Bastien François.
Régimes politiques (Les), nº 244, Arlette Heymann-Doat.
Régionalisation de l'économie mondiale (La), nº 288, Jean-Marc Siroën.
Revenu minimum garanti (Le), nº 98, Chantal Euzéby.
Revenus en France (Les), nº 69, Yves Chassard et Pierre Concialdi.
Santé des Français (La), nº 330, Haut comité de la santé publique.
Sciences de l'éducation (Les), nº 129, Éric Plaisance et Gérard Vergnaud.
Sexualité en France (La), nº 221, Maryse Jaspard.
Société du risque (La), nº 321, Patrick Peretti Watel.
Socio-économie des services, nº 369, Jean Gadrey.
Sociologie de Durkheim (La), nº 154, Philippe Steiner.
Sociologie de Georg Simmel (La), nº 311, Frédéric Vandenberghe.
Sociologie de l'architecture, nº 314, Florent Champy.
Sociologie de l'art, nº 328, Nathalie Heinich.
Sociologie de l'éducation, nº 169, Marlaine Cacouault et Françoise Œuvrard.
Sociologie de l'emploi, nº 132, Margaret Maruani et Emmanuèle Reynaud.
Sociologie de l'immigration, nº 364, Andrea Rea et Maryse Tripier.
Sociologie de l'organisation sportive, nº 281, William Gasparini.
Sociologie de la bourgeoisie, nº 294, Michel Pinçon et Monique Pinçon-Charlot.
Sociologie de la consommation, nº 319, Nicolas Herpin.
Sociologie de la lecture, nº 376, Chantal Horellou-Lafarge et Monique Segré.
Sociologie de la négociation, nº 350, Reynald Bourque et Christian Thuderoz.
Sociologie de la prison, nº 318, Philippe Combessie.
Sociologie de Marx (La), nº 173, Jean-Pierre Durand.
Sociologie de Norbert Elias (La), nº 233, Nathalie Heinich.
Sociologie des cadres, nº 290, Paul Bouffartigue et Charles Gadea.
Sociologie des entreprises, nº 210, Christian Thuderoz.
Sociologie des mouvements sociaux, nº 207, Erik Neveu.
Sociologie des organisations, nº 249, Lusin Bagla.
Sociologie des publics, nº 366, Jean-Pierre Esquenazi.
Sociologie des relations internationales, nº 335, Guillaume Devin.
Sociologie des relations professionnelles, nº 186, Michel Lallement.
Sociologie des syndicats, nº 304, Dominqiue Andolfatto et Dominique Labbé.
Sociologie du chômage (La), nº 179, Didier Demazière.

Sociologie du conseil en management, n° 368, Michel Villette.
Sociologie du droit, n° 282, Évelyne Séverin.
Sociologie du journalisme, n° 313, Erik Neveu.
Sociologie du sida, n° 355, Claude Thiaudière.
Sociologie du sport, n° 164, Jacques Defrance.
Sociologie du travail (La), n° 257, Sabine Erbès-Seguin.
Sociologie économique (La), n° 274, Philippe Steiner.
Sociologie historique du politique, n° 209, Yves Déloye.
Sociologie de la ville, n° 331, Yankel Fijalkow.
Sociologie et anthropologie de Marcel Mauss, n° 360, Camille Tarot.
Sondages d'opinion (Les), n° 38, Hélène Meynaud et Denis Duclos.
Stratégies des ressources humaines (Les), n° 137, Bernard Gazier.
Syndicalisme en France depuis 1945 (Le), n° 143, René Mouriaux.
Syndicalisme enseignant (Le), n° 212, Bertrand Geay.
Système éducatif (Le), n° 131, Maria Vasconcellos.
Système monétaire international (Le), n° 97, Michel Lelart.
Taux de change (Les), n° 103, Dominique Plihon.
Taux d'intérêt (Les), n° 251, A. Bénassy-Quéré, L. Boone et V. Coudert.
Taxe Tobin (La), n° 337, Yves Jegourel.
Tests d'intelligence (Les), n° 229, Michel Huteau et Jacques Lautrey.
Théorie de la décision (La), n° 120, Robert Kast.
Théories économiques du développement (Les), n° 108, Elsa Assidon.
Théorie économique néoclassique (La) :
1. **Microéconomie**, n° 275,
2. **Macroéconomie**, n° 276,
Bernard Guerrien.
Théories de la monnaie (Les), n° 226, Anne Lavigne et Jean-Paul Pollin.
Théories des crises économiques (Les), n° 56, Bernard Rosier et Pierre Dockès.
Théories du salaire (Les), n° 138, Bénédicte Reynaud.
Théories sociologiques de la famille (Les), n° 236, Catherine Cicchelli-Pugeault et Vincenzo Cicchelli.
Travail des enfants dans le monde (Le), n° 265, Bénédicte Manier.
Travail et emploi des femmes, n° 287, Margaret Maruani.
Travailleurs sociaux (Les), n° 23, Jacques Ion et Bertrand Ravon.
Union européenne (L'), n° 170, Jacques Léonard et Christian Hen.
Urbanisme (L'), n° 96, Jean-François Tribillon.

Dictionnaires
R E P È R E S

Dictionnaire de gestion, Élie Cohen.
Dictionnaire d'analyse économique, *microéconomie, macroéconomie, théorie des jeux, etc.*, Bernard Guerrien.

Guides
R E P È R E S

L'art de la thèse, *Comment préparer et rédiger une thèse de doctorat, un mémoire de DEA ou de maîtrise ou tout autre travail universitaire*, Michel Beaud.
Les ficelles du métier. *Comment conduire sa recherche en sciences sociales*, Howard S. Becker.
Guide des méthodes de l'archéologie, Jean-Paul Demoule, François Giligny, Anne Lehoërff, Alain Schnapp.
Guide du stage en entreprise, Michel Villette.
Guide de l'enquête de terrain, Stéphane Beaud, Florence Weber.
Manuel de journalisme. *Écrire pour le journal*, Yves Agnès.
Voir, comprendre, analyser les images, Laurent Gervereau.

Manuels
R E P È R E S

Analyse macroéconomique 1.
Analyse macroéconomique 2.
17 auteurs sous la direction de Jean-Olivier Hairault.
Une histoire de la comptabilité nationale, André Vanoli.

Composition Facompo, Lisieux (Calvados)
Achevé d'imprimer en avril 2004 sur les presses de l'imprimerie Campin à Tournai (Belgique)
Dépôt légal : mai 2004.

Imprimé en Belgique